I0842760

TRÁNSITO A LA PLENITUD DE LA VIDA ETERNA

TRÁNSITO A LA PLENITUD DE LA VIDA ETERNA

Ramón Rosal Cortés

TITULO: *Tránsito a la plenitud de la vida eterna*

AUTORA: *Ramon Rosal Cortés ©, 2019*
COMPOSICIÓN: *HakaBooks - Optima, cuerpo 12*
DISEÑO DE LA PORTADA: *Hakabooks©*
FOTOGRAFÍA PORTADA: Facilitada por el autor©

HAKABOOKS
08204 Sabadell - Barcelona
☎ *+34 680 457 788*
⌂ *www.hakabooks.com*
✉ *editor@hakabooks.com*
◼ *Hakabooks*

ÍNDICE

Capítulo quinto

Capítulo sexto

Para el cristianismo, la muerte empírica, la que certifica el médico forense no es el mal absoluto ni mucho menos. No es una tragedia y no se presta a disquisiciones patéticas. Es una transformación, una fase en un proceso, un punto. De ningún modo es igual o identificable con la nada.

(Claude Tresmontant, 1980, *La mística cristiana y el porvenir del hombre*, p. 79).

Capítulo primero

INTRODUCCIÓN:
LA REFLEXIÓN SOBRE LA OTRA VIDA

Son muchas las personas, y más si tienen una edad avanzada, a las que les inquieta pensar, de vez en cuando, sobre qué es lo que puede ocurrir cuando experimenten su muerte. "¿Se aniquilará mi existencia, es decir, pasaré a la nada?" Aunque la infraestructura biológica-físico-química de mi persona pase a irse convirtiendo en cenizas, ¿no permanecerá mi yo –mi alma o *psique*– de alguna forma?

Si es reconocido por la ciencia que en ciclos de entre siete y diez años todas las células que componen mi estructura biológica mueren y se sustituyen por otras, permaneciendo mi yo, ¿no demuestra esto que mi ser personal no se reduce a mi sustrato fisiológico? ¿no merece ser tenido en cuenta el hecho de que casi todas las religiones admiten entre sus convicciones la realidad de una vida superior después de la muerte? ¿Desaparecerá mi individualidad para fundirse con la Realidad divina o con el Cosmos? ¿Se producirá la experiencia de una profunda unión entre el ser humano y la Divinidad, sin desaparecer el yo individual? ¿Cabe la posibilidad de que esta esperanza en la vida eterna fracase? ¿Qué se sostiene sobre estas cuestiones en la fe cristiana?

Al presentar este libro puedo resumir la finalidad de su contenido afirmando que pretendo responder en él a una serie de preguntas que conciernen a mi fe cristiana –a partir de los datos de la revelación divina transmitidos por la Sagrada Escritura y la Tradición apostólica– y entre las cuales puedo aquí destacar las siguientes:

1) ¿Qué explicación veo razonable sobre la resurrección del ser humano, en ocasión de su muerte, en la que los discípulos de Jesucristo tuvieron plena confianza, apoyados en los anuncios de su Maestro, y en haberse verificado el hecho de su resurrección?

2) ¿Qué hipótesis teológicas para la explicación de este acontecimiento me resultan más probables o, incluso, convincentes?

3) ¿Qué cabe aceptar razonablemente como verdadero, respecto a una experiencia de autoevaluación personal o evaluación divina –tradicionalmente llamado "el juicio" – al final de la vida terrena o existencia temporal psicosomática?

4) ¿Qué fundamentos hay para considerar como contenido razonable de fe cristiana el hecho de una experiencia de purificación o maduración final, que capacite para el tránsito al estado de los glorificados?

5) ¿Es razonable aceptar como contenido de la revelación divina que la meta de la existencia humana consiste en el logro de la plenitud y felicidad eterna?

6) ¿Cómo puede hablarse del "infierno", entendido como muerte eterna –como no resurrección– de forma que sea armonizable con la Divinidad misericordiosa revelada por Jesucristo, por su propia persona (imagen humana de Dios) y por su imagen del padre del "hijo pródigo"?

El autor se dirige principalmente a católicos más bien cultos que aspiren a vivir una "fe inteligente", es decir, que les capacite para poder dar razones que justifiquen su fe, en diálogo con amigos que no la compartan, en especial agnósticos o ateos. Católicos que necesiten algo más que una catequesis de adultos básica. Y que, por otra parte, dados los compromisos de su vida –familiar, profesional, etcétera– no puedan disponer de tiempo para la lectura abundante de libros teológicos. Aquí aspiro a ser intermediario entre una selección de teólogos –que han abordado con inteligencia la reflexión y fundamentación de las convicciones cristianas sobre la "otra vida"– y estos católicos inquietos con ganas de profundizar.

Las cuestiones que abordo en este capítulo forman parte de lo que en el lenguaje teológico académico se denomina la Escatología, que ha sido definida como "la reflexión creyente sobre el futuro de la promesa aguardado por la esperanza cristiana" (Ruiz de la Peña, 1986, p. 28). Esta rama del saber teológico busca encontrar respuestas a preguntas sobre el futuro o meta final de la existencia humana y del universo. Pero no se trata de preguntas motivadas por una mera curiosidad, ni tampoco una forma de evadirse de los problemas del presente. Precisamente se busca aquel conocimiento sobre el futuro del ser humano que ayude a encontrar el sentido del presente y a experimentarlo con más conciencia de la propia responsabilidad. Asimismo se ocupa "de lo que se está gestando en el presente" (*Ibidem*, p. 29).

A lo largo de la historia de la reflexión cristiana sobre la Escatología, la teología se ha encontrado influida, inevitablemente, en sus concepciones y su lenguaje, por las corrientes filosóficas de la época, como también por las mentalidades dominantes en su entorno. Es importante que, en cada etapa histórica, la reflexión teológica sobre estas cuestiones relacionadas con la existencia humana después de la muerte, vuelva a consultar lo que constituyen para el cristiano las fuentes de la revelación divina, principalmente la Sagrada Escritura. También –al menos en el caso de los católicos y los cristianos ortodoxos–, los escritos de los primeros pensadores cristianos –los Padres de la Iglesia– a través de los cuales nos llega lo que se ha denominado siempre la "Tradición". El contacto directo con estas fuentes del contenido de la fe cristiana –para cuya correcta lectura e interpretación hoy disponemos de más recursos que en generaciones pasadas– nos ayudará a discernir qué es lo esencial sobre este tema y qué son, en cambio, interpretaciones condicionadas por influencias ideológicas de la época. También nos interesará tener presentes las declaraciones que se hayan formulado por el magisterio oficial de la Iglesia, principalmente en los concilios ecuménicos. Aunque también en este caso, cuando fueron formuladas hace siglos, habrá que descifrar qué es lo que esencialmente tenían intención de transmitir, y dónde encontraban en la Biblia o en la Tradición el fundamento de sus afirmaciones. Refiriéndose al hecho de la evolución del pensamiento escatológico, Schillebeeckx afirma:

> *A la primera mirada que echemos sobre este proceso* [de la evolución de la visión teológica sobre el mensaje escatológico de la Biblia], *salta a la vista que la asimilación incesantemente renovada del mensaje cristiano guarda estrecha relación con los puntos de vista, también cambiantes, acerca del hombre y del mundo, tal como se dan en el pensar común y son formulados por una sucesión de escuelas filosóficas. De ahí que sea una exigencia hermenéutica ineludible el examinar las diferentes visiones que se fueron sucediendo en los primeros doscientos años de la antigua tradición de la Iglesia para la interpretación de la confesión cristiana de los ésjata* [=las realidades últimas] (Schillebeeckx, 1969, p. 44).

Reflexionando a partir de los textos bíblicos, con ayuda de las declaraciones del magisterio oficial de la Iglesia y de las aportaciones de la teología cristiana, desde los primeros siglos, vamos a indagar qué nos revela el mensaje bíblico-cristiano sobre la muerte, la resurrección a la otra vida, la evaluación divina de nuestra trayectoria vital (Juicio), la necesidad de un proceso de purificación (Purgatorio), el proyecto divino sobre la meta de la existencia humana (Gloria eterna, Cielo,

Reino de Dios), el peligro de un libre rechazo del mismo (¿Infierno?).

Es fácil darse cuenta de que todo lo que pueda afirmarse sobre las realidades últimas de la existencia humana (esjata, escatológicas) repercutirá en la concepción bíblico-cristiana del ser humano. Es decir, las conclusiones de la Escatología afectan claramente a la Antropología cristiana. Veamos cómo resume un autor sus convicciones fundamentales implicadas en ambos saberes:

> *Se presuponen ciertas convicciones fundamentales de la antropología y la escatología cristianas. 1) los seres humanos han sido creados libremente por Dios para que participen de la propia vida del mismo Dios; 2) la libertad radica en la capacidad para hacer una "opción fundamental" que compromete la propia vida a favor o en contra de Dios; 3) todos los seres humanos responderán ante Dios en su muerte y en el juicio final; 4) la autocomunicación de Dios se realiza en la persona de Jesús (especialmente en su muerte y resurrección) y en su ministerio (el anuncio del reino de Dios); 5) la muerte y resurrección de Jesús es la revelación del destino final y de la gloria futura que Dios quiere para todos los hombres y el paradigma de la idea cristiana de la vida eterna en el reino de Dios (el cielo); 6) finalmente, la única alternativa posible para un ser humano es el infierno, la soledad y alienación absolutas consiguientes a la repulsa libre y completa de Dios* (Sachs, 1993, p. 116).

Parece conveniente advertir, ya desde el comienzo de esta reflexión, de dos peligros opuestos a evitar. El primero lo constituye una representación pueril sobre las posibles experiencias humanas en la vida eterna, en la que no se tengan en cuenta las limitaciones intelectuales y afectivas del ser humano finito, para poderse hacer una idea satisfactoria de ellas. Es como si un feto humano en el útero materno, que pudiese hablar, pretendiese tener una idea satisfactoria sobre la existencia humana y su mundo. Como si ese germen de ser humano tuviese la presunción de poder concebir e imaginarse, por ejemplo: la mirada humana que contempla embelesada a su amado, la grandiosidad del universo captada por los instrumentos de la Astrofísica, la belleza majestuosa de las cataratas de Iguazú, el espectáculo de una gran orquesta interpretando sinfonías de Mozart, o Beethoven, o de cualquier otro genio de la música. ¿Qué podría llegar a intuir, sobre estas experiencias de la existencia humana, un feto, con los limitadísimos puntos de partida sensoriales en el reducido ámbito del útero materno?

Es importante, por lo tanto, que quien pretenda imaginarse y concebir la dimensión eterna de la existencia humana, tras la muerte, sea consciente de sus límites. Sobre todo cuando quiera imaginarse lo que en el lenguaje popular se ha acostumbrado a denominar, metafóricamente, "el cielo", es decir, la experiencia de la gloria de los resucitados, la Nueva Humanidad en la plenitud de la vida eterna.

El otro peligro a evitar es justamente el contrario del primero. Es aquella forma de referirse a la "otra vida", que, habiéndose dejado muy clara la distancia y diferencia entre ella y este mundo, y teniendo, por lo tanto, muy presente que, como escribió san Pablo: "ni ojo vio, ni oído escuchó, ni pasó por la imaginación humana lo que Dios tiene preparado a los que le aman" (1 *Corintios* 2,9-10), ofrece unas ideas abstractas sobre la vida eterna, sin ninguna relación ni continuidad con la existencia terrena.

> *La escatología bien entendida nos dice que no debemos conceder ni tanto al cielo ni tanto a la tierra, porque el cielo comienza en la tierra. El Reino de Dios no es el mundo totalmente distinto sino totalmente nuevo. Si fuese totalmente distinto, ¿qué relación podría te-*

ner con nosotros? Dios, sin embargo, tiene poder para hacer lo viejo nuevo. Los últimos fines constituyen la plena potencialización de lo que ha ido creciendo durante esta vida (Boff, 1981, p. 32).

Una vez dejado claro el carácter de realidad trascendente de todo lo relacionado con la "otra vida", nos damos cuenta de que las palabras humanas, aun las que se refieren a las experiencias terrenas más sublimes, sólo pueden utilizarse como pobres analogías, cuando pretendemos hablar sobre la vida eterna, al igual que cuando nos atrevemos a hacer afirmaciones sobre la Divinidad. Sin embargo esto no nos ha de impedir reconocer –según el mensaje bíblico– la presencia de Dios en el ser humano, que aspira a llegar a ser imagen humana de Dios, de acuerdo con el proyecto creador divino; el hecho de la encarnación de la sabiduría y amor divinos (el *Logos* divino) en Jesús de Nazaret, y, por participación, en los que logran ser, al menos parcialmente, "otros cristos" y "templos del Espíritu Santo", como proponía san Pablo. Contando con estos presupuestos, puede ser lícito afirmar que algo del Reino de Dios (la Nueva Humanidad) ya se dé en esta vida terrena –que es lo mismo que decir, algo de Cielo en la Tierra–, aunque siempre imperfectamente y con altibajos. Lamentablemente es más fácil de reconocer lo que en algunas existencias terrenas hay de "purgatorio" y de "infierno".

> *La felicidad de la que gozamos en la tierra, el bien que hacemos y las alegrías que saboreamos en la cotidianidad de la existencia son ya una vivencia del cielo, aunque bajo una forma ambigua y deficiente. Los dolores que soportamos pueden significar el proceso purificador que nos hace crecer y abrirnos cada vez más a Dios y pueden anticipar el purgatorio. La cerrazón en sí mismo y la exclusión de los demás pueden suministrarnos una experiencia del infierno que el malvado y el egoísta van construyendo por sí mismos y que en*

la muerte recibe su carácter definitivo y pleno (Boff, 1981, pp. 33s.).

Capítulo segundo

MUERTE Y RESURRECCIÓN

Dudo sobre si hubiese sido preferible abordar aquí, y no en el apartado 6, el tema de <u>la plenitud y felicidad eterna, meta de la existencia humana</u> (que es la cuestión central de este capítulo), y dejar para después lo referente a los pasos previos: muerte, evaluación final, proceso de maduración, etc. Finalmente he seguido el orden con que de hecho aparecen estos acontecimientos. Sin embargo invito al lector que lo prefiera, a iniciar la lectura por el capítulo 5.

El concilio Vaticano II no pasó por alto detenerse, en algunos párrafos, en el misterio de la muerte, haciéndose cargo de la vertiente dolorosa de esta experiencia humana, al mismo tiempo que declarando su esperanza de un destino feliz.

> *El máximo enigma de la vida humana es la muerte. El hombre sufre con el dolor y con la disolución progresiva del cuerpo. Pero su máximo tormento es el temor por la desaparición perpetua. Juzga con instinto certero cuando se resiste a aceptar la perspectiva de la ruina total y del adiós definitivo. La semilla de eternidad que en sí lleva, por ser irreductible a la sola materia, se levanta contra la muerte. Todos los esfuerzos de la técnica moderna, por muy útiles que sean, no pueden calmar esta ansiedad del hombre: la prórroga de la longevidad que hoy proporciona la biología no puede satisfacer ese deseo del más allá que surge ineluctablemente del corazón humano.*

> *Mientras toda imaginación fracasa ante la muerte, la Iglesia, aleccionada por la Revelación divina, afirma que el hombre ha sido creado por Dios para un destino feliz situado más allá de las fronteras de la miseria terrestre* (Concilio Vaticano II: *Constitución sobre la Iglesia en el mundo actual,* 18).

1. Resurrección no es reanimación del cadáver

El cristiano, a la hora de meditar en la muerte, tiene presente la buena noticia de Jesucristo sobre nuestra anunciada resurrección. Las pruebas, acreditadas históricamente, de que Jesús, después de su muerte por crucifixión, se apareció resucitado a un total de más de quinientos discípulos, mostrando estar viviendo en otra forma de existencia, en plena unión con Dios, constituye para mí el fundamento principal –aunque no el único– que justifica como válida mi fe en nuestra resurrección. Ya dejé claro, en otro libro anterior (2011), las razones por las que tengo el convencimiento de que lo que Jesús afirmó o anunció en sus enseñanzas –y con el testimonio de su vida– lo realizaba como enviado de Dios y, por consiguiente, tenía que ser verdad. Dejé claras mis razones por las que era imposible considerar a Jesús un alucinado, o un "endemoniado", como le achacaron algunos. Por ello no puedo dejar de aceptar como verdaderas las afirmaciones que él dirigió a sus discípulos sobre la vida eterna. El testimonio de los que luego pudieron ser testigos de que él había resucitado –tal como había anunciado– suponía un nuevo argumento a favor de nuestra resurrección.

Pero todavía perdura en un gran sector de personas –tanto cristianas como agnósticas– una interpretación popular de la resurrección, entendida como reanimación del cadáver, tal como se entendió durante siglos, por una lectura fundamentalista (literal) de algún texto bíblico, y por ello conviene aclarar este punto.

> *No hay que confundir la doctrina de Ieschoua concerniente al acceso a la vida eterna del hombre que recibe en él la enseñaza del Verbo encarnado, con la idea, o la representación, de una reanimación de cadáveres* (Tresmontant, 1971, p. 213).

Por lo tanto es importante subrayar aquí que resurrección no significa la reanimación de un cadáver. Tampoco fue así en el caso de Jesús. El hecho de que los evangelios señalen que se descubrió que su tumba estaba vacía es algo sin importancia, como acostumbra a subrayar Tresmontant.

> *Así, mantenemos, pese a todas las protestas suscitadas por nuestra proposición: aunque se hubiese encontrado el cadáver de Cristo, eso es, la materia que su alma había informado para constituir un cuerpo organizado vivo, en nada quedaría modificado, ontológicamente, el hecho de su resurrección, que significa sencillamente lo que sigue: el Cristo, la unión sustancial, subsistente en una persona, de Dios y del hombre, es, está vivo actualmente y para siempre, lo mismo si volvió a tomar, para reinformarla y transformarla, la materia que había informado antes de morir, como si no volvió a tomarla.*
>
> *Esto no tiene, cuando menos para nosotros, ninguna importancia ni ningún interés* (Tresmontant, 1978, p. 687).

La resurrección de Jesucristo significa que el Verbo (sabiduría y amor divinos) encarnado en Jesús de Nazaret está actualmente vivo, influye a través de su espíritu –el Espíritu Santo– en sus discípulos, y vio conveniente manifestarse visiblemente a más de quinientos de ellos. Aunque hubiese aparecido su cadáver en el sepulcro, con esto no se invalidaría su resurrección. Aunque ciertamente, para la mentalidad de aquellas gentes sencillas, y también para las de hoy, fue más pedagógico que se comprobase que la tumba estaba vacía. Por otra parte, lo cierto es que este hecho está bien acreditado tanto por los evangelios llamados "sinópticos" (de Mateo, Marcos y Lucas) como el de Juan.

Comparto con Tresmontant que respecto a la resurrección de todo ser humano ocurrirá lo mismo. Lo que importa es saber si el yo personal –o, si se me permite utilizar un concepto aristotélico: el psiquismo o alma (*psique*)– vivirá y se unirá profundamente con la Divinidad –sin perder su propia identidad personal– y con la colectividad de los hombres y mujeres bienaventurados.

Un sector de teólogos evitan utilizar actualmente el concepto de alma, al considerar que el hacerlo supone una antropología dualista, por influencia helénica, que no es fiel a la idea bíblica de la persona humana, y que tampoco puede armonizarse con la convicción antropológica de la ciencia actual sobre el ser humano como unidad psicosomática. Sin embargo comparto con Tresmontant la convicción de que sigue en pie el derecho a seguir utilizando el concepto de psique o alma, si se aclara un importante malentendido.

Lo que sí es incompatible es integrar este concepto en la antropología teológica cristiana, si se entiende según el dualismo de Platón. Es decir, si se admite que hay dos realidades sustanciales –cuerpo y alma– unidas en la existencia terrena, de las que una de ellas, el alma, según Platón, es divina e inmortal, y la otra, el cuerpo, es la que muere. A pesar de que –salvo lo referente a la divinidad del alma– este dualismo antropológico estuvo presente durante siglos en la teología cristiana, en los textos litúrgicos, y en la religiosidad popular, la realidad es que se armoniza difícilmente con los conceptos antropológicos bíblicos, y con la antropología filosófica y científica actual, y de hecho esta idea de alma ha sido suprimida en los textos litúrgicos tras la reforma del Concilio Vaticano II. ¿Pero qué pasa si utilizamos el concepto de *psi-*

que –alma– según la teoría hilemórfica de Aristóteles, asumida dieciocho siglos después por Tomás de Aquino? Aquí hay que señalar, como ha advertido Tresmontant, que en ambos autores aparece una ambivalencia que dio lugar a una confusión y malentendido. Según su teoría hilemórfica, Aristóteles explicó la realidad de los seres vivientes –vegetales, animales y humanos– como integrados por una infraestructura material –lo que gracias a la ciencia se llegó a conocer posteriormente como un conglomerado de células con base material físico-química (átomos y moléculas de diversas clases) y agrupadas en órganos, y un principio estructurador o estructura de esa base material. Aristóteles denominó a lo primero la "materia prima" y a lo segundo la "forma sustancial" o "psique". Ninguno de los dos principios constituía una realidad sustancial (vegetal, animal, o humana). Ésta sólo se daba cuando un conglomerado material físico-químico se encontraba estructurado por una "forma sustancial" o alma (*psique*). En los vegetales es el alma vegetativa la que dinamiza o "anima" el conglomerado material básico; en los animales está el "alma sensitiva" (que integra los potenciales de la anterior), y, finalmente, en los humanos, el "alma intelectiva", que integra los potenciales de las dos anteriores. La breve información que estoy haciendo sobre la teoría hilemórfica (de *hile*=materia y *morfo*=forma) está más cerca –respecto al lenguaje– de la interpretación tomista de Aristóteles que de la original de éste, pero en lo básico coinciden. Ahora bien, ¿dónde está la ambivalencia en la que ambos cayeron? Como muestra Tresmontant, aparecían en los escritos de ambos dos interpretaciones sobre el ser humano individual que no son compatibles entre sí, a saber:

a) La persona humana como integrada por un alma y un cuerpo.

b) La persona humana integrada por un alma y una materia (infraestructura material).

La fórmula a) implica una grave imprecisión, que, además, contradice a la misma teoría hilemórfica, a la vez que supone un dualismo antropológico. Efectivamente, el concepto de cuerpo (viviente) implica ya necesariamente una estructuración de la base material, es decir, un alma (o *psique*). De lo contrario sólo habría un conglomerado de moléculas físico-químicas. Un cadáver, aunque temporalmente conserve la apariencia de un cuerpo, ya no lo es. Ya no hay en él un principio que estructure y dinamice su base material. Poco a poco se podrá comprobar que no es más que un montón de materia físico-química, sin unidad estructuradora. Por lo tanto, decir que el individuo humano se compone de un alma y un cuerpo implica colocar en los dos elementos la realidad anímica. Es un esquema incorrecto.

El esquema válido es el que sostiene que todo viviente humano implica una *psique* o alma que estructura u organiza y dinamiza una base de materialidad físico-química. Según es reconocido hace tiempo por la ciencia, aproximadamente cada siete años han desaparecido todas las células –todo el material físico-químico– de un individuo y han sido sustituidas por otras, y sin embargo el individuo sigue siendo el mismo. ¿Qué es lo que permanece en él a pesar de la renovación de toda su infraestructura material? Eso que permanece puede seguir llamándose *psique* o alma, pero evitando reincidir en la ambivalencia en al que cayeron Aristóteles y Tomás de Aquino, es decir, no afirmando más que el sujeto humano es un compuesto de *psique* o alma y cuerpo, sino de una *psique* que organiza toda la base material. Cuando la *psique* deja de estar, ya no hay un cuerpo, hay un cadáver, en proceso de descomposición.

Si tenemos presente la frase que, según el evangelio de san Juan, Jesús dirigió al bandido arrepentido que se encontraba crucificado junto a él: "En verdad te digo que hoy estarás conmigo en el paraíso" (*Lucas* 23,43), queda claro que Jesús estaba dando a entender que "hoy", después de la muerte de ambos, este hombre arrepentido iba a estar junto a él –ambos resucitados– en la nueva dimensión existencial de la eternidad divina. Una pregunta que cabe hacer es la siguiente: ¿Estarán únicamente el alma de Jesús glorificado junto al alma del bandido? Sabemos que en el caso del primero la experiencia del tránsito a la resurrección aconteció tras la muerte. ¿Experimentó también este hombre esa resurrección? ¿Pasó a vivir según esa forma de corporeidad que Pablo denominó un "cuerpo espiritual"? El término "cuerpo espiritual" utilizado por Pablo sugiere una realidad corpórea diferenciada de la que en la vida terrena integra una base biológica con sus leyes y limitaciones. Pero una vez producido el tránsito al ámbito eterno divino, la corporeidad personal será algo que no estamos en condiciones de describir, por falta de datos, pero en ningún caso implicará la pérdida de lo que el cuerpo carnal terrestre nos permite experimentar, sino que lo superará profundamente.

2. Hipótesis sobre el cómo del tránsito a la otra vida

El hecho de la experiencia de la resurrección, tras la muerte, es algo reconocido en todos los textos del Nuevo Testamento. Otra cosa es el cómo esto se produzca. Aquí aparecen diversidad de teorías. En los judíos parece ser que todavía predomina una idea de la resurrección entendida como reanimación de los cadáveres, prevista para el fin del mundo, aunque supongo que habrá alguna variedad de interpretaciones en sus teólogos actuales. Me detengo a continuación en exponer brevemente algunas de las hipótesis, que me resultan más convincentes, sobre el cómo del tránsito de la muerte a la otra vida.

a) *La muerte como experiencia semejante al nacimiento*

En las primeras generaciones de cristianos llegó a llamarse a la muerte el "día del nacimiento" (*dies natalis*). En cierta forma entendían muchos esta existencia como una etapa de gestación previa al nacimiento, en la línea de lo que he dicho antes comparando esta fase de la vida humana a la de un feto en el útero materno. Me resulta muy expresivo el siguiente párrafo de Boff:

> *La muerte, como hemos escrito en otro lugar, es semejante al nacimiento. Al nacer el niño abandona la matriz nutricia que, poco a poco, al cabo de nueve meses, se iba volviendo sofocante y agotaba las posibilidades de vida intrauterina. Pasa por una violenta crisis: lo aprietan y empujan por todas partes y por fin lo lanzan al mundo. No sabe que le espera un mundo más amplio que el vientre materno, lleno de anchos horizontes y de ilimitadas posibilidades de comunicación. Al morir el hombre pasa por una crisis semejante: se vuelve más débil, va perdiendo la respiración, agoniza y es como arrancado de este mundo. Mal sabe que va a irrumpir en un mundo mucho más vasto que el que acaba de dejar y que su capacidad de relacionarse se extenderá hasta el infinito. La placenta de recién nacido, al morir ya no la constituyen los estrechos límites del hombre-cuerpo sino la globalidad del universo total* (Boff, 1981, p. 42).

b) *La muerte como frontera entre dos formas de existencia humana corporal: la temporal y la eterna*

Pero el hecho de despedirse de su existencia terrestre con su infraestructura fisiológica y correspondiente base físico-química, no significa pasar a una forma de existencia incorpórea y ajena al mundo (cósmico y humano). Al contrario. Entiendo –de acuerdo con algunos filósofos existencialistas el concepto de "corporeidad" como aquella dimensión del ser humano que le capacita, entre otras cosas, 1) para no confundirse con los otros, y mantener su identidad diferenciada; y 2) para comunicarse con los otros –y con el entorno natural (intelectual y afectivamente). De ahí que sea razonable pensar que el resucitado experimentará una forma de "corporeidad" mucho más profunda y eficaz, que la que habrá caracterizado su vida terrestre. Asimismo, su compenetración con el mundo –tanto el cosmos como la colectividad humana– podrá ser vivida de forma más radical. Boff lo resume así:

> *La muerte es el corte entre el modo de ser temporal y el modo de ser eterno en el que el hombre penetra. Al morir el hombre-alma no pierde su corporeidad, le es esencial. No deja el mundo; lo penetra de manera más radical y universal* (Boff, 1981, pp. 40s.).

Ahora bien, el cuerpo del resucitado no implicará, claro está, la infraestructura físico-química y fisiológica del cuerpo vivido en la experiencia terrena; cuerpo del que, por otra parte, cada siete años aproximadamente, se habrá renovado prácticamente toda su materialidad (sus células), permaneciendo siempre el mismo yo corporal. Pero constituirá, como ya he dicho, un cuerpo que cumplirá de forma mucho más auténtica y plena que el cuerpo terrestre su capacidad comunicativa del yo.

> *Resucitar "con el mismo cuerpo" significará por tanto, además de lo ya dicho: resucitar con un cuerpo <u>propio</u>, esto es, un cuerpo que transparenta la propia y definitiva mismidad, ya sin posible equívoco; un cuerpo que es más <u>mío</u> que nunca, por cuanto es supremamente comunicativo de mi yo. El cuerpo glorioso (<u>sôma peumatikón</u>) del que habla Pablo es el <u>yo</u> irradiando la vida del Espíritu, libre de todo automatismo inconsciente, depositario de una plenitud integral que nace en el núcleo más íntimo de la persona y alcanza y transfigura su corporeidad* (Ruiz de la Peña, 1986, p. 213).

c) *La muerte como experiencia del ser humano entero, pero no como aniquilación*

A primera vista, el rechazo de la teoría clásica de que la muerte es la separación del alma de su infraestructura material (mal llamada el cuerpo) es decir, la afirmación de que también muere el alma –o la *psique*– sugiere una concepción de la muerte entendida como aniquilación del ser. De esta forma, la resurrección consistiría en una nueva creación divina en sentido estricto, y al margen –en esta ocasión– del proceso evolutivo de las especies vivientes, a través del cual había surgido la historia de los vivientes humanos. Cuesta aceptar una teoría que reclama tanta intervención divina extraordinaria en todo individuo que experimenta la resurrección. Pero Küng, defendiendo la postura de la muerte del ser humano entero, ofrece una explicación que evita aquel problema.

> *Pues muere el hombre entero, con cuerpo y alma, como unidad psico-somática, de la que hemos hablado con detalle en la lección anterior. Pero precisamente este morir no significa una aniquilación total ("muerte total" como "annihilatio" y, en el mejor de los casos, como pervivencia en la memoria de Dios o de los hombres). Pues lo decisivo es que el hombre al morir no entra en la nada, sino en Dios, en la eternidad de su "ahora" divino, que hace irrelevante para el que muere la distancia temporal de este mundo entre la muerte personal y el juicio final* (Küng, 1983, pp. 233s.).

d) *Entre la vida terrena y la del resucitado hay discontinuidad, pero también continuidad*

El concepto cristiano de resurrección implica que en la otra vida no se empieza una nueva existencia humana que parta de cero o, todo lo más, de un yo personal desconectado de toda su experiencia histórica y de la vivencia en su entorno mundano. Como ya he dicho antes, entre esta vida y la otra hay discontinuidad, pero también continuidad.

> *Y el hombre en su totalidad personal e histórica partici-*
> *pará de esta vida eterna, por obra del Espíritu de Dios.*
> *Vida que se hizo ya realidad en plenitud en Jesucristo*
> *resucitado y de cuya resurrección todos –seres huma-*
> *nos y cosmos– participaremos in aeternum* (Libanio,
> 1983, p. 576).

Hay un texto de san Pablo, referido a la resurrección de los muertos, en el que se muestra, con una comparación expresiva de carácter biológico, la combinación de continuidad y discontinuidad en el hecho de la resurrección.

> *Lo que tú siembras no cobra vida si antes no muere. Y*
> *además, ¿qué siembras? No siembras lo mismo que va*
> *a brotar después, siembras un simple grano, de trigo,*
> *por ejemplo, o de alguna otra semilla. Es Dios quien le*
> *da la forma que a él le pareció, a cada semilla la suya*
> *propia [...]*

> *Igual pasa en la resurrección de los muertos:*
> > *se siembra lo corruptible, resucita incorruptible;*
> > *se siembra lo miserable, resucita glorioso;*
> > *se siembra lo débil, resucita fuerte;*
> > *se siembra un cuerpo animal, resucita cuerpo*
> > *espiritual*
> (1 *Corintios* 15,36-38.42-44).

e) *Algunas hipótesis sobre la forma en que se produce el trán-*
sito desde el morir a la existencia del resucitado

Según mi información, no disponemos de datos suficientes, que estén razonablemente acreditados como revelación divina, que nos permitan conocer de qué forma y con qué fases se produce el tránsito de la muerte a la existencia glorificada. Entre las interpretaciones teológicas parecen razonables –aunque no pasen de ser hipótesis– las que sostienen: a) que la resurrección suceda, sin solución de continuidad, en el momento de la muerte (Karner, Betz, Boros, Schoonenberg, Boff, Greschake); b) que en el momento de la muerte habrá la posibilidad de una opción final (Glorieux, Mersch, Boros); c) que, se admita o no la hipótesis de una opción final, en la muerte se producirá una recapitulación de la historia personal; d) que el primer acto de amor divino al ser humano, en la experiencia de la "visión beatífica", consistirá en su iluminación y purificación (Schillebeeckx y también Küng).

El hecho de que estas cuatro hipótesis las perciba como razonables no significa que ya constituyan convicciones de mi fe cristiana. Sé que, en especial respecto a las dos primeras, permanece un debate en el que tampoco faltan razones a las hipótesis opuestas. Soy consciente de que necesitaré más estudio y reflexiones para llegar a convicciones personales. También soy consciente de que mi espontánea simpatía hacia estas cuatro propuestas no debe ejercer influencia en mis conclusiones. De momento, para mí, sólo significan cuatro hipótesis más probablemente verdaderas que las contrarias. Y para los fines de este libro no procede que me detenga más en ellas. Me limitaré solamente a citar un párrafo en el que Boff presenta su personal justificación de la hipótesis sobre la posibilidad de una decisión final totalmente libre, en ocasión de la experiencia de la muerte, adhiriéndose con ello a la posición de Glorieux, Mersch y Boros –entre otros– sobre esta cuestión.

> *La muerte se presenta como una situación privilegiada por excelencia de la vida por la que el hombre irrumpe en una completa maduración espiritual y en la que la inteligencia, la voluntad, la sensibilidad y la libertad pueden por vez primera ser ejercitadas en plena espontaneidad, sin los condicionamientos exteriores y las limitaciones inherentes a nuestra situación en el mundo. Sólo ahora se da, también por vez primera, la posibilidad de una decisión totalmente libre que exprese al hombre entero ante Dios, ante los demás y ante el cosmos* (Boff, 1981, p. 49).

f) *¿La fe en la resurrección como radicalización de la fe en Dios?*

Para Küng, la fe en la resurrección es casi una consecuencia de la fe en un Dios creador del ser humano con su realidad psicosomática. Es decir, hay razones filosóficas a favor de que ocurra así y no de otra manera, prescindiendo del hecho de que se haya revelado este proyecto divino y Jesucristo se manifestase como resucitado a otra forma de existencia glorificada.

> *La fe en la resurrección no es un complemento de la fe en Dios, sino una radicalización de esa misma fe: una fe en Dios que no se queda a mitad de camino, sino que lo recorre consecuentemente hasta el final. Una fe en la que el hombre, sin pruebas racionales estrictas, pero con confianza perfectamente razonable, confía en que el Dios del principio es también el Dios del fin, en que el creador del mundo y del hombre es también quien los lleva a su plenitud* (Küng, 1977a, pp. 456s.).

g) *La esperanza de las víctimas de la injusticia*

Desde la corriente latinoamericana de la teología de la liberación se ven con cierto recelo los debates intelectuales sobre cómo se produce la resurrección (¿inmediatamente al morir?, ¿al final de la historia?, etc.). Se califica a esta doctrina como el dogma de la esperanza de los desposeídos o víctimas de la injusticia opresora, causante de unas vidas humanas físicamente maltratadas.

> *El dogma de la "resurrección de los muertos" no se puede desgastar en polémicas intelectuales típicamente iluministas. Es por excelencia el dogma de la esperanza. Precisa ser devuelto a su pureza primigenia, sobre todo a los pobres, cuyos cuerpos son machacados, masacrados o inmolados en la lucha. La certeza de que todo cuerpo que cae por amor al hermano reci-*

be la inmortalidad de Dios. Su historia se hace eterna para felicidad de todos los que participaron, participan y participarán de esa causa de fraternidad liberadora (Libanio, 1983, p. 590).

h) *¿Se relaciona la fe en la resurrección con la fe en la asunción de María al "cielo"?*

Un último punto a considerar es la probable relación que pueda encontrarse entre la doctrina sobre la resurrección de los muertos, y el dogma de la asunción de María. ¿Hay algo peculiar en la experiencia de María que sea diferente de la experiencia de todo resucitado, si nos situamos en la hipótesis que sitúa el proceso de la resurrección unido al proceso de la muerte? ¿No podemos considerar la asunción de María como el prototipo de la resurrección, sobre todo si se trata de un hombre o mujer cuyo proceso de purificación ya haya sido suficientemente superado en su vida terrena? De hecho en el texto que definió el dogma de la asunción se evitó incluir una cláusula que resaltase el carácter exclusivo de esta experiencia de María. Esta cuestión está de momento en discusión.

> *Puede argüirse, por tanto, que la definición de la Asunción no niega la posibilidad de que otros cristianos, además de María, hayan alcanzado ya un estado final de gloria semejante al de ella. Quizá podamos dar un paso más y afirmar que no solamente no niega la definición de la Asunción esta posibilidad, sino que más bien sugiere positivamente que tal cosa ha ocurrido. ¿Es razonable considerar que la verdad definida de la Asunción de María ofrece una base partiendo de la cual se puede defender que también otros cristianos que ya entraron en la gloria se encuentran en situación semejante?* (Flanagan, 1969, p. 140).

CAPÍTULO TERCERO

AUTOEVALUACIÓN PERSONAL O EVALUACIÓN DIVINA AL MORIR

1. Fundamento bíblico de la evaluación divina

A lo largo de toda la Biblia encontramos muchos lugares en donde se hace referencia al acontecimiento del juicio divino o evaluación de toda trayectoria vital humana. Unas veces aparece como una experiencia al final de la vida individual, en el tránsito de la existencia temporal a la eterna, a través de la muerte. En otros textos aparece como un acontecimiento universal, al final de la historia humana, en ocasión de lo que se entiende por la "segunda venida del Señor" o "Parusía". Se afirma en la fórmula del "credo de los apóstoles", refiriéndose a Jesucristo, que "está sentado a la diestra de Dios Padre todopoderoso, y desde allí ha de venir a juzgar a los vivos y a los muertos". Ya es sabido que la metáfora "sentado a la diestra de Dios Padre" es una manera típica de referirse al hecho de encontrarse, el Jesús resucitado, en el nivel de la Divinidad, de ese Dios cuyo *Logos* (sabiduría y amor) se encarnó en él, es decir, se manifestó durante unos treinta y tres años en una existencia humana terrena. A continuación, en este credo o síntesis apostólica primitiva de la fe cristiana, se declara la fe en que será Jesucristo quien, como representante de Dios, llevará a cabo ese juicio divino sobre nuestras vidas y obras.

Este acontecimiento, anunciado en muchos lugares del Nuevo Testamento, viene a ser equivalente al que, en los escritos proféticos del Antiguo Testamento, se denominó el "Día de Yahvé". Por parte de los profetas y del pueblo israelita en general, se percibieron como actuaciones de la justicia divina –Días de Yahvé– aquellas situaciones dolorosas de su historia, en las que fueron invadidos por pueblos paganos y pasaron a experimentar etapas de cautiverio. Generalmente interpretaron estas situaciones –con ayuda de los profetas– como etapas de purificación, queridas por Yahvé, para reaccionar y convertirse tras periodos de infidelidades a la Alianza del pueblo con Dios, con tendencias idolátricas y propagación de injusticias sociales.

> *Así, a lo largo de toda la tradición profética, el Día de Yahvé aparece como la intervención de Dios en la historia para ejercer su juicio sobre su pueblo y sobre las naciones. Como consecuencia de su Alianza, de su Promesa, de su Justicia, Él restablecerá el derecho castigando a los infieles y salvando al "resto" de los justos (siempre mencionado en los profetas del Día)* (George, 1969, p. 15).

Sobre estas experiencias ya me ocupé en otro libro (2011), al referirme al mensaje divino a través de los profetas del Antiguo Testamento. Y no faltan en los salmos oraciones en las que se expresa el temor respecto al juicio divino sobre las injusticias sociales del pueblo de Israel.

> *Tú eres terrible: ¿quién resiste frente a ti*
> *al ímpetu de tu ira?*
> *Desde el cielo proclamas la sentencia:*
> *la tierra teme, sobrecogida,*
> *cuando Dios se pone de pie para juzgar,*
> *para salvar a los humildes de la tierra (Salmo 75).*

Este mismo autor –George– nos ofrece una selección de pasajes del Nuevo testamento, que hacen referencia al tema del juicio divino del que habrá de hacerse cargo Jesucristo.

> *Estos anuncios, que ocupan lugar importante en la predicación de Jesús, aparecen en ella bajo diversas formas. Son unas veces simples sentencias sobre el juicio de los individuos (Mateo 7,2.22-23; 12,36; 23,33) o de las colectividades (Mateo 11,21-24; 12,39-42; 23,34-36.37-39; Lucas 19,42-44), anuncios de condenación (Mateo 5,22; 10,15.33; Marcos 12,40) o de recompensa (Mateo 6,4.6.18; 19,32; Lucas 14,14), parábolas que toman sus imágenes de los tribunales humanos (Mateo 5,25-26; Lucas 18,1-8), de los ajustes de cuentas (Mateo 18,22-35; 25,14-30; Lucas 16,1-9), de la paga de los obreros (Mateo 20,1-16), de la siega (Mateo 13,24-30.36-43), de la redada que sacan los pescadores (Mateo 13,47-50). Jesús sólo ofrece un cuadro detallado de este juicio en Mateo 25,31-46* (George, 1969, 18s.).

2. Hipótesis teológicas sobre el juicio divino particular

Aquí voy a referirme no a la Parusía, sino al juicio divino individual en ocasión de la muerte. Entre las hipótesis teológicas sobre el cómo se producirá este hecho –anunciado claramente en la Sagrada Escritura, que forma parte de la fe cristiana, y que ha sido objeto de muchas declaraciones en concilios ecuménicos– veo de mayor interés señalar las siguientes:

a) Al morir todo ser humano tendrá la oportunidad de lograr una profunda comprensión de toda su trayectoria vital, incluyéndose la evaluación sobre lo positivo y lo negativo de la misma.

> *En un instante se contempla a sí mismo, lo que fue y lo que no fue. Y al verse, se juzga y asume la situación que le corresponde. Cada fibra de su vida queda transparente, las dobleces de su historia personal se tornan traslúcidas [...] Descubrirá las verdaderas dimensiones del bien y del mal que haya conscientemente realizado* (Boff, 1981, p. 51).

b) Esta autoevaluación profunda de uno mismo permitirá también comprender las posibles deformaciones de nuestra conciencia que pudieron contribuir a causar daños a otros o a nosotros mismos, permaneciendo nuestra conciencia tranquila.

> *En ese momento caen todas las máscaras que encubrían nuestra real autenticidad; se deshacen ideologías justificantes de nuestras actividades y de nuestro proyecto fundamental de vida [...]*

> *En fin, el hombre detectará con la clarividencia de la luz divina su fidelidad o infidelidad a las raíces esenciales de la vida. El amor humanitario al otro, al necesitado y marginado con el que Cristo se identificó* (Ibidem, 1981, p. 53).

c) Concordando con lo anterior, y teniendo presente sobre todo textos de los evangelistas Juan y Mateo, que vienen a constituir una desmitificación de las escenas apocalípticas del juicio presentes en otros lugares bíblicos, cabe, por lo tanto entender este acontecimiento como "algo inmanente a la historia, y no sobreañadido a ella desde el exterior; puede incluso entenderse como un autojuicio (Ruiz de la Peña, 1986, p. 179).

Veamos dos textos importantes, en relación con esta cuestión, que encontramos en el evangelio de san Juan, y que niegan que Jesucristo venga a juzgarnos.

Tanto amó Dios al mundo que le dio a su Hijo único, para que tenga vida eterna y no perezca ninguno de los que creen en él. Porque Dios no mandó a su Hijo al mundo para juzgar al mundo, sino para que el mundo se salve por él. Al que cree en él no se le juzga; el que no cree, ya está juzgado, por no haber dado su adhesión al Hijo único de Dios.

El juicio consiste en esto: en que la luz vino al mundo y los hombres prefirieron las tinieblas a la luz, porque sus acciones eran malas (Juan 3,16-19).

Cuando uno cree en mí, no es en mí quien cree, sino en el que me ha enviado, y cuando uno me ve a mí ve al que me ha enviado. Yo he venido al mundo como luz, para que ninguno que cree en mí quede a oscuras. Al que escucha mis palabras y no las cumple, yo no lo juzgo; no he venido para juzgar al mundo, sino para salvarlo. El que me rechaza y no acepta sus palabras ya tiene quien le juzgue; el mensaje que he comunicado, ese lo juzgará el último día (Juan 12,44-48. El subrayado es mío).

d) Además de que el proceso de la muerte provoque la experiencia de una clara visión de la calidad de toda nuestra trayectoria vital –como he indicado en a)–, de una lúcida recapitulación de la historia personal, ofrecerá la posibilidad de una nueva y última decisión del ser humano, en respuesta a la llamada divina.

Por tanto, hemos de suponer que en el proceso de disolución de la unidad anímico-corporal, con el progresivo desprendimiento del alma con relación al cuerpo, ella va adquiriendo una claridad especial, la cual le permite decir sí o no a Dios. En estos instantes, Dios pone al hombre ante una nueva y última decisión, a través de su llamada definitiva a que él entre en su propia vida [...]

> *Por tanto, no parece demasiado atrevido el decir que en el proceso de la muerte se llega a un estadio en el cual el alma espiritual, a pesar de la decadencia del cuerpo, comienza a pensar y querer autónomamente sin su auxilio* (Schmaus, 1970, p. 799).

e) Cualquiera que sea el juicio divino o la autoevaluación sobre la propia trayectoria vital durante el proceso de la muerte, y la última decisión en respuesta a la llamada divina, ¿cabe admitir la posibilidad de que pueda producirse un proceso de conversión una vez que se haya consumado la muerte? Más adelante me referiré a los problemas que plantea la doctrina sobre la eternidad de la condenación. De momento conviene saber que, ya desde la edad Antigua, algunos teólogos respondieron afirmativamente a esa pregunta, aunque el concilio provincial de Constantinopla (año 593) rechazó la doctrina de Orígenes que sostenía que la obra salvadora divina no sería completa si tuviesen que permanecer para siempre seres humanos en actitud de rebelión contra Dios.

> *Resulta comprensible que en el curso de la historia, bajo la luz del pensamiento del infinito amor de Dios, se haya desarrollado la opinión según la cual quienes han traspasado el umbral entre la muerte y la otra vida en un estado de cerrazón frente a Dios deberán tener, más allá de la línea de la muerte, una nueva ocasión de decidirse por él. El eterno plan salvífico de Dios, añaden los defensores de esta opinión, no puede fracasar en ningún lugar. En la antigua Iglesia, Orígenes, y en una forma un poco más cauta algunos teólogos sometidos a su influjo (por ejemplo, Dídimo el Ciego, Gregorio Niceno y en una manera más atenuada también Ambrosio), defendieron el pensamiento de que, incluso después de la muerte, Dios da a los hombres una ocasión de convertirse, y éstos, cuando se les abren los ojos para la verdad teológica, renuncian a su autonomía antidivina* (Schmaus, 1970, p. 781).

f) A partir de algunos pasajes de los evangelios pueden identificarse actitudes vitales que podrán tener una relevancia especial en la evaluación divina sobre el carácter básicamente positivo o negativo de las trayectorias vitales humanas. Destacaré dos de esas actitudes: 1) la importancia de haber fructificado los dones recibidos (véanse: *Mateo* 25,14-30 y *Lucas* 19,11-26), y 2) la importancia de la actitud misericordiosa y solidaria (*Mateo* 25,31-46) como causa de la salvación (o de la condenación, en su ausencia), prescindiendo de que quienes las vivieron fuesen o no conscientes de su relación con Jesucristo, es decir, fuesen o no cristianos.

3. El peso de la vivencia de la misericordia y solidaridad para una evaluación salvadora

Veamos una parte del texto de la alegoría en la que Jesucristo aparece con la imagen de rey del universo (según este texto de *Mateo* 25,31-46).

> *Entonces el rey dirá a los de su derecha: "Venid, benditos de mi Padre, a heredar el reino preparado para vosotros desde la creación del mundo. Porque tuve hambre y me disteis de comer, tuve sed y me disteis de beber, era emigrante y me acogisteis, estaba desnudo y me vestisteis, estaba enfermo y me visitasteis, estaba encarcelado y acudisteis". Los justos le responderán: "Señor, ¿cuándo te vimos hambriento y te alimentamos, sediento y te dimos de beber, emigrante y te acogimos, desnudo y te vestimos? ¿Cuándo te vimos enfermo o encarcelado y fuimos a visitarte?" El rey les contestará: "Os aseguro que lo que hayáis hecho a uno solo de estos mis hermanos menores me lo hicisteis a mí (Mateo 25,34-40).*

A los que se desentendieron de todas estas actuaciones altruistas y solidarias, les dirá lo contrario.

Con este lenguaje figurado y escenificación dramatizada, da a conocer Jesús a sus seguidores –y también a quienes le desconocen– la relevancia que el Dios del Universo –a quien él representa– dará a estas actitudes humanas como vías para la salvación, para el paso a la plenitud de la vida. En los otros textos a los que antes me he referido se ponía el énfasis en haber dado fruto a partir de los dones recibidos. Aquí es como si se subrayase, por parte de Jesús, que un fruto especialmente valorado por Dios es el haber contribuido, a lo largo de la vida, a que vaya disminuyendo en la sociedad la tragedia de la muchedumbre de hombres y mujeres con sus necesidades básicas desatendidas.

Está claro que Jesús expresa sus ejemplos de personas marginadas, en el contexto de la sociedad israelita del siglo I. Una sociedad en la que no se habían producido las estructuras que configuran, actualmente, lo que llamamos la "sociedad del bienestar", aunque quizás es una denominación un poco presuntuosa, si nos atenemos a los logros sociales realmente conseguidos. En aquella época, por ejemplo, no existían leyes sobre salarios mínimos, contratos laborales, seguros sociales, derecho de asociación de los trabajadores, horarios máximos de la jornada laboral, educación gratuita obligatoria, etc., etc. Casi todo dependía de la iniciativa privada o de entidades religiosas. Actualmente, aparte de aquellas responsabilidades respecto al bienestar social que asumen los estados o naciones, hay una multitud de organizaciones no gubernamentales que tratan de compensar aquello que no logran resolver los responsables principales de la vida política y económica. Es un hecho comprobado que los colectivos cristianos –las Iglesias– se han destacado por su creatividad y magnanimidad, en la promoción de dichas organizaciones, a lo largo de toda su historia. Todavía hoy, en países de profunda religiosidad (no cristiana), como por ejemplo, la India o Pakistán, destacan por su gran eficacia obras de promoción social creadas por cristianos como, por ejemplo, *Caritas*, las Misioneras de la Caridad (fundadas por la madre Teresa de

Calcuta), la Fundación Vicente Ferrer, la Fundación Ayuda en Acción, etc.

Una interpretación inteligente y actualizada de la reclamación, en este texto evangélico, de que se tenga presente la importancia –para el juicio divino– de haber atendido a los hambrientos, sedientos, desnudos, inmigrados, etc., ha de traducirse en la forma de ejercer el trabajo profesional, la educación de los hijos o los alumnos, las responsabilidades ciudadanas, políticas y económicas, la colaboración directa o indirecta (dándolas a conocer) con las ONG o cualesquiera iniciativas de promoción social, animando a otras personas a su colaboración personal o económica. Porque las causas principales de la lamentable situación de aproximadamente la mitad de la población del mundo, respecto a la atención de sus necesidades básicas, la constituyen las estructuras – sociales, económicas y políticas– y las actitudes personales contrarias a la ética en el trabajo de los profesionales de la educación, la salud, el derecho, la vivienda y obras públicas, la integración social, la política, etc., etc. Sobre todas estas cuestiones se han pronunciado con profundidad las encíclicas de los papas, desde León XIII, hasta el papa actual, y el concilio Vaticano II, como ya expuse en el capítulo catorce.

Por ello pienso que, a partir de una edad con suficiente sentido de responsabilidad, el examen de conciencia del cristiano adulto convendrá que verse principalmente sobre si en su vida, a partir de los recursos de los que dispone (educación recibida, situación afectiva, profesional, económica, oportunidades de haber conocido el mensaje de Jesucristo, etc.), va dando frutos a lo largo de sus días. Y de forma especial va produciendo aquella clase de frutos que, directa o indirectamente, contribuyan a un mundo con más igualdad de oportunidades y mejor atención a los derechos humanos.

Refiriéndose a este texto del evangelio de Mateo con la alegoría sobre el juicio divino, el *Catecismo católico para adultos*, de la Conferencia Episcopal alemana, afirma lo siguiente.

> *Este mensaje que nos habla del Juicio a que serán sometidos individuos y pueblos se predica en el Nuevo Testamento con imágenes grandiosas (cfr. Mateo 25,31-46; Juan 5,28-29; Apocalipsis 20,11-15). Sin embargo, hemos de ser conscientes de que se trata de imágenes y no de descripciones. Quieren darnos a entender que al final cada uno recibirá de Jesucristo el sitio y la valoración que le corresponden (Catecismo católico de adultos, Tomo I, p. 458).*

Esta alegoría acostumbra a considerarse que se refiere más bien al juicio al final de la historia, es decir, a la parusía, mientras que yo aquí me he centrado sobre todo en la experiencia del juicio al final de cada vida individual. Ahora bien, en el contenido al que se referirá la evaluación divina, teniendo en cuenta el mensaje de Jesucristo (tanto en el proceso de la muerte, como en el llamado juicio final) ocuparán un lugar predominante tanto la fructificación de los dones recibidos, como las actitudes de misericordia y solidaridad. Por esto he querido fijarme aquí en esto. Como una hipótesis sobre lo que puede diferenciar el juicio particular del universal una parte de los teólogos coinciden en lo siguiente:

> *El juicio particular se centra en la responsabilidad del individuo. Y en el juicio final se hallará en primer plano el valor positivo o negativo de cada decisión, pensamiento o institución del hombre para la historia [...]*

> *Cosas que presentan un cariz grandioso y lleno de poderío, beneficioso y salvador, aparecerán como pequeñas y perniciosas. Y muchas cosas que aparentemente carecen de valor y son insignificantes, e incluso tienen apariencia de peligrosas, detestables y destructoras, bajo la perspectiva de la evolución total podrán presentarse como muy eficaces y beneficiosas (Schmaus, 1970, p. 76).*

CAPÍTULO CUARTO

¿HAY UNA EXPERIENCIA DE PURIFICACIÓN O MADURACIÓN FINAL QUE CAPACITE PARA EL TRÁNSITO AL ESTADO DE LOS GLORIFICADOS?

1. Respuesta afirmativa de concilios ecuménicos y de "padres de la Iglesia"

El concilio Vaticano II reafirmó la validez de la oración por los difuntos, lo que implica que el que muere pueda encontrarse viviendo un proceso de maduración, previo al acceso al ámbito de la Divinidad y a la comunidad de los bienaventurados.

> *Este sagrado Sínodo recibe con gran piedad la venerable fe de nuestros antepasados acerca del consorcio vital con nuestros hermanos que se hallan en la gloria celeste o que aún están purificándose después de la muerte, y de nuevo confirma los decretos de los sagrados concilios Niceno II, Florentino y Tridentino* (Concilio Vaticano II: *Constitución sobre la Iglesia,* 51).

> *La Iglesia de los viadores, teniendo perfecta conciencia de la comunión que reina en todo el Cuerpo místico de Jesucristo, ya desde los primeros tiempos de la religión cristiana guardó con gran piedad la memoria de los difuntos y ofreció sufragios por ellos, "porque santo y saludable es el pensamiento de orar por los difuntos para que queden libres de sus pecados"* (2 Macabeos 12,46) (Ibidem, 50).

Ya en los primeros siglos del cristianismo se producen abundantes declaraciones de teólogos que reconocen la posibilidad de una experiencia de purificación tras la muerte. Estos teólogos –que son llamados los "Padres de la Iglesia", transmisores de la tradición, fuente de la fe cristiana después de la Sagrada Escritura- ofrecen concepciones diversas sobre esta experiencia, pero el hecho de la posibilidad de la purificación lo comparten tanto teólogos occidentales como orientales. Schmaus destaca entre éstos a Orígenes, Gregorio de Nisa, Tertuliano, Cipriano, Lactancio, Ambrosio, y con mayor dedicación al tema, Agustín de Hipona y Cesario de Arles (Cfr. Schmaus, 1970, p. 797).

2. Limitaciones que incapacitan para el acceso inmediato y directo a la comunidad de los bienaventurados

Una hipótesis teológica que ha ido siendo compartida por un número creciente de autores –y a la que ya me he referido– sostiene que al morir, todo hombre o mujer tiene la oportunidad de tomar una última decisión –probablemente con más lucidez que nunca– para acoger la llamada divina o bien para rechazarla. Esta decisión viene a coincidir, según Schmaus, con lo que se ha venido llamando el "juicio particular", aunque formalmente se diferencie de él.

> *Con ello, el hombre se constituye a sí mismo en uno que se entrega a Dios o en uno que se afirma contra Dios. Por tanto, su toma de posición implica un auto-juicio. Y este autojuicio es a la vez un juicio de Dios* (Schmaus, 1970, p. 793.

Ahora bien, aunque la decisión final constituya una adhesión a la vocación divina, podemos suponer que lo más probable es que casi todos los seres humanos no hayan madurado suficientemente –a través de su trayectoria vital, y del efecto de esa probable decisión final- para acceder directamente al estado glorificado de los bienaventurados, tras experimentar la muerte.

> *La mayoría de los seres humanos llega al fin de su vida no como una estatua concluida, sino como un torso inacabado. Raros son los Moisés o las Pietás de Miguel Angel. La mayor parte no pasa de un boceto semejante a los miles de bocetos de Goya o a la Pietá del mismo Miguel Angel que se conserva en el museo Sforza de Milán* (Boff, 1981, p. 60).

Por ello será preciso experimentar una crisis de purificación o maduración. Esto ocurrirá de una forma que desconocemos, ya que no disponemos de datos sobre ello en las fuentes de la revelación divina. Lo que está claro es que se trata de una experiencia de transformación vivida por el yo personal –si se prefiere, por el alma o *psique*– desembarazada, tras la muerte, de su infraestructura material físico-química. No se trata de un lugar en el que se vaya a habitar durante un tiempo breve o largo, tal como con la fantasía popular se ha imaginado durante siglos lo que se entendía por el "purgatorio".

Entre las hipótesis teológicas que se han presentado, como propuestas razonables que no contradigan los datos bíblicos, considero de interés señalar tres.

3. El encuentro con Dios que ilumina y purifica

Diferentes autores vienen a considerar el hecho profundamente impactante del encuentro con la Divinidad amorosa, como el causante de la crisis purificadora.

> *El primer acto de amor de Dios en el cielo es un acto de iluminación. Dios proyecta su luz sobre el hombre, lo ilumina y lo purifica. Es una especie de radicación en Dios. Es el primer momento de la visión beatífica.*

Todos los hombres, pues, pasan a través del purgatorio antes de entrar en la visión beatífica de Dios (Schillebeeckx, 1994, p. 103).

El <u>purgatorio del hombre es Dios mismo</u> en el futuro de su gracia: la <u>purificación</u> es el encuentro con Dios, en cuanto que tal encuentro juzga y acrisola al hombre, pero también lo libera e ilumina, lo salva y perfecciona (Küng, 1983, p. 253).

El purgatorio no es un medio infierno, sino un momento del encuentro con Dios, es decir, del encuentro del hombre interminado, inmaduro en el amor, con el Dios santo, infinito, amante, un encuentro que es profundamente humillante, doloroso y, por lo mismo, acrisolador [...]

Es imposible dilucidar nada, no sólo sobre el lugar y el tiempo, sino también sobre el modo y manera de este perfeccionamiento purificador-salvador (Küng, 1983, pp. 235s.).

4. ¿Por qué es dolorosa la experiencia de purificación?

Lo que será causa de sufrimiento, en esta experiencia, será probablemente el hecho de poderse percatar con clarividencia del contraste entre lo que el amor divino esperaba de cada uno de nosotros, y lo que de hecho habrá constituido nuestra trayectoria vital. Asimismo, el hecho de darse cuenta de que el actual estado de nuestra persona adolezca de limitaciones que obstaculicen su acceso inmediato a la gloria.

Puesto que más allá de la muerte el hombre logra un profundo conocimiento de lo que Dios significa para él, siente un dolor vivo al darse cuenta de que todavía no es capaz de un diálogo pleno con su Creador. Precisamente su amor ardiente a Dios le hace sentir con mayor dolor su inmadurez. Él la experimenta como una ligadura. El hombre se libera de ella en cuanto se abre cada vez más intensamente a Dios y en cuanto Dios se le comunica con una intensidad cada vez mayor. Así es como se realiza la purificación (Schmaus, 1970, p. 801).

El purgatorio es ese proceso, doloroso como todos los procesos de ascensión y educación, por el que el hombre al morir actualiza todas sus posibilidades, se purifica de todas las marcas con las que la alienación pecaminosa ha ido estigmatizando su vida sea mediante la historia del pecado y sus consecuencias (aún después del perdón), sea por los mecanismos de los malos hábitos adquiridos a lo largo de la vida (Boff, 1981, pp. 60s.).

El sufrimiento que implica este proceso surge del dolor que provoca de por sí el pecado y el hecho de que mi propia culpa se manifiesta en insoportable contraste con el amor absoluto que Dios me tiene y con el que Dios quiere colmar cada fibra de mi ser. Así Boros habla de un encuentro final con Cristo, de cuyos ojos brotan llamas de amor perfecto (cfr. Apocalipsis 1,12-17) que penetran todos los estratos de nuestro pecado e imperfección. Una convicción semejante orientó la exégesis patrística de textos como 1 Corintios 3,10-15, con el resultado de que viene a ser muy esclarecedora del símbolo tradicional del fuego (Sachs, 1993, p. 119).

5. ¿Por qué será, ante todo, causa de profunda alegría?

Ahora bien, este proceso purificador, inevitablemente acompañado de dolor, implicará ante todo la vivencia de un sentimiento profundo de alegría, dado que se sabrá con certeza, que la emocionante y sorprendente aventura humana de la experiencia plena de la Nueva Humanidad ya estará garantizada.

Muchos teólogos actuales rechazan, no sin enfado, la fantasía de un purgatorio concebido como un "medio infierno" o infierno temporal. Estas fantasías, ¿no implican una especie de blasfemia respecto al Dios revelado por Jesucristo, por ejemplo a través de la figura del padre del hijo pródigo? ¿Cómo conciliar los sentimientos de este benevolente personaje con un ser divino que haya creado un recinto donde los difuntos padezcan castigos, o verdaderas torturas, para purificarse de sus errores y debilidades?

La blasfemia, sin embargo, es mucho mayor cuando se describen no ya los castigos purificadores temporales, sino los correspondientes a un infierno eterno. Pero este tema lo abordo después.

> *No se subrayaron los sentimientos de alegría de los que, en el purgatorio, ya se sienten salvados, sino los dolores del que vive en una sala de torturas cósmicas en las que hay cámaras de un frío glaciar, otras de bronce o metal en fusión, otra a la manera de un lago de aceite hirviendo* (Boff, 1981, p. 61).

> *Y ante todo debería quedar claro que el purgatorio no es –como tantas veces lo presenta la piedad popular– un "medio infierno", que Dios ha creado para castigar al hombre que no es del todo malo, pero tampoco del todo bueno* (Küng, 1983, p. 235)

> *El purgatorio puede entenderse, desde esta perspectiva, como un proceso en que la gracia del "sí" fundamental a Dios a lo largo de la vida, que se hace definitivo en la muerte, entraña la oportunidad de penetrar todas las dimensiones del propio ser. Dado que las múltiples dimensiones de la existencia humana no llegan a su perfección simultáneamente, no deja de ser razonable suponer que la plena madurez de la persona sólo se alcanza después de la muerte o, como sugieren*

algunos teólogos, como parte del proceso de la misma muerte. La teología católica, por consiguiente, suele considerar el purgatorio como una especie de proceso de maduración e integración (Sachs, 1993, p. 118).

"No creo que después de la felicidad del cielo pueda haber otra que se pueda comparar con la de las almas del purgatorio [...] Ese estado debería ser ansiado más que temido, pues sus llamas son llamas de indecible nostalgia y amor" (Santa Catalina de Génova, cit. en Boff, 1981, p. 68).

Capítulo quinto

LA PLENITUD Y FELICIDAD ETERNA: META DE LA EXISTENCIA HUMANA

1. La convicción y esperanza que fundamentó la fortaleza espiritual de Pablo y los primeros cristianos

San Pablo era plenamente consciente de que la descripción de la experiencia de la vida humana glorificada –del "cielo"– es algo imposible, dado que sobrepasa todo lo que podamos barruntar a partir de nuestros sentidos y nuestra imaginación e inteligencia, de forma análoga a como una larva no puede imaginar su existencia como mariposa, o un feto en el útero materno no puede pensar en las personas, paisajes y experiencias –afectivas, científicas, artísticas, etc.– que se producen en la existencia humana.

> *A nosotros, en cambio, aquello que dice la Escritura: "Lo que ojo nunca vió ni oído oyó ni hombre alguno ha imaginado, lo que Dios ha preparado para los que lo aman", nos lo ha revelado Dios por medio del Espíritu* (1 Corintios 2,9-10).

Es a partir de esta profunda esperanza que Pablo se encuentra con las fuerzas suficientes para sobrellevar dignamente las constantes dificultades y luchas en las que se encuentra envuelto, durante sus recorridos evangelizadores por sucesivas ciudades de Asia menor y Grecia.

> *Sostengo además que los sufrimientos del tiempo presente son cosa de nada comparados con la gloria que va a revelarse reflejada en nosotros.*
>
> *De hecho la humanidad otea impaciente aguardando a que se revele lo que es ser hijos de Dios [...]*
>
> *Sabemos bien que hasta el presente la humanidad entera sigue lanzando un gemido universal con los dolores de su parto (Romanos 8,18-19.22).*
>
> *Por esta razón no nos acobardamos; no, aunque nuestro exterior va decayendo, lo interior se renueva de día en día, porque nuestras penalidades momentáneas y ligeras nos producen una riqueza eterna, una gloria que las sobrepasa desmesuradamente, y nosotros no ponemos la mira en lo que se ve, sino en lo que no se ve, porque lo que se ve es transitorio y lo que no se ve es eterno.*
>
> *Es que sabemos que si nuestro albergue terrestre, esta tienda de campaña, se derrumba, tenemos un edificio que viene de Dios, un albergue eterno en el cielo, no construido por hombres, y de hecho por eso suspiramos por el anhelo de vestirnos encima la morada que viene del cielo, suponiendo que, al quitarnos ésta, no quedemos desnudos del todo (1 Corintios 4,16-18; 5,1-3).*

Hay que tener en cuenta que a Pablo no le faltaron motivos para sentirse tentado a capitular, tras las sucesivas contradicciones que tuvo que padecer. Gracias a unos contratiempos que vivió, por algunos sucesos ocurridos en la comunidad cristiana de Corinto, disponemos de unos párrafos suyos confidenciales, cuya lectura suscita admiración hacia la fortaleza de este hombre. Corinto es la ciudad griega a la que Pablo se trasladó después de su fracaso evangelizador en Atenas. Corinto integraba un conglomerado de culturas diversas. Pablo permaneció en esa ciudad un año y medio, acogido por un matrimonio de judíos convertidos al cristianismo: Aquila y Priscila. Su predicación a los judíos no fue acogida, por lo que pasó a dirigirse a plebeyos y esclavos paganos, con los que constituyó una comunidad caracterizada por un bajo nivel económico, probablemente la más pobre de las que promovió a lo largo de sus tres viajes misioneros. Se conservan dos cartas de Pablo a esta comunidad cristiana de Corinto.

En su segunda visita a Corinto Pablo sufrió las consecuencias de una minoría que se rebeló contra él, y de una comunidad que toleró que un individuo le ofendiese en público. Se llegó a constituir un grupo de cristianos hostiles a él, que negaban su autoridad y se la atribuían a ellos a partir de supuestos méritos. Al parecer, la mayoría se dejaron seducir por sus discursos. Pero pasado el tiempo la comunidad recapacitó y se arrepintió. Gracias a estos dolorosos acontecimientos, cuando Pablo escribe la segunda carta a los *Corintios* (la segunda de las que se conservan), decide permitirse exhibir en ella sus méritos.

> *Ya que muchos presumen de méritos humanos, yo también presumiré. Pues vosotros, tan sensatos, soportáis de buena gana a los necios [...] Confieso avergonzado que fui blando con vosotros. Pues bien, a lo que alguien se atreva –lo digo como necio– yo me atrevo. ¿Que son hebreos? Yo también. ¿Que son israelitas? Yo también. ¿Que son del linaje de Abraham? Yo también. ¿Que son ministros de Cristo? –hablo como demente– Más yo. Los gano en fatigas, los gano en prisiones, aún más en golpes, en peligros de muerte frecuentes. Cinco veces los judíos me dieron los cuarenta latigazos menos uno, tres veces me azotaron con varas, una vez me apedrearon, tres veces naufragué y pasé un día y una noche en alta mar. Cuántos viajes, con peligros de ríos, peligros de bandidos, peligros por mis paisanos, peligros por los paganos, peligros en ciudades, peligros*

en descampado, peligros en el mar, peligros por falsos hermanos. Con fatiga y agobio, sin dormir muchas noches, con hambre y con sed, en frecuentes ayunos, con frío y sin ropa. Y aparte de todo el resto, la carga cotidiana, la preocupación por todas las iglesias. ¿Alguien enferma sin que yo enferme? ¿Alguien tropieza sin que yo esté en ascuas? Si toca presumir, presumiré de mi debilidad. El Dios Padre del Señor Jesús –sea bendito por siempre– sabe que no miento. En Damasco el gobernador del rey Aretas custodiaba la ciudad para prenderme. Por una ventana y en una espuerta me descolgaron muralla abajo y así escapé de sus manos (2 Corintios 11,18-33).

Pienso que fue providencial que gracias a aquellos acontecimientos, podamos ahora disponer de estas confidencias de Pablo. Pues bien, es en este contexto en el que adquiere mayor valor y significado lo expuesto en las citas del principio, por ejemplo: "Sostengo además que los sufrimientos del tiempo presente son cosa de nada comparados con la gloria que va a revelarse reflejada en nosotros" (*Romanos* 8,18).

Tanto Pablo, como el conjunto de las primeras comunidades cristianas creadas por él, eran conscientes –parte de sus miembros como testigos directos– de que Jesucristo se había aparecido para acreditar que había resucitado a la nueva forma de existencia glorificada, y que había declarado que la resurrección a la otra vida era la meta de la existencia humana. Por ello la fe en su resurrección después de la muerte constituía uno de los contenidos principales de la "buena noticia" de la fe cristiana, y la causa principal de la fortaleza con que afrontaron calumnias, persecución y muertes cruentas. Los primeros cristianos fundamentaban su fe sobre el origen divino del cristianismo, en los que habían sido testigos directos de un hecho, de un acontecimiento –antes que de una doctrina–: el acontecimiento de la resurrección de Jesucristo. San Pablo, en sus cartas, deja clara la relación entre la resurrección de Jesús y la resurrección a la que estamos destinados todos.

> *Si el espíritu del que resucitó a Jesús de entre los muertos habita en vosotros, el que resucitó de entre los muertos a Cristo Jesús vivificará también vuestros cuerpos mortales por el mismo espíritu, que habita en vosotros (Romanos 8,11; cfr. 1 Corintios 15.12-22).*

En los *Hechos de los Apóstoles*, la predicación sobre su fe en la resurrección es causa de persecución ya en la ciudad de Jerusalén. Así se comprueba en este párrafo en el que se describen las consecuencias de esta predicación por parte de Pedro y Juan.

> *Mientras hablaban al pueblo se les presentaron los sacerdotes, el comisario del templo y los saduceos, irritados porque instruían al pueblo anunciando la resurrección de la muerte, por medio de Jesús. Les echaron mano y, como ya era tarde, los metieron en prisión hasta el día siguiente. Muchos de los que oyeron el discurso abrazaron la fe, y así la comunidad llegó a unos cinco mil (Hechos 4,1-4).*

Este hecho de la resurrección de Jesucristo –junto con otros muchos que habían ocurrido durante los años de su vida pública– acreditaban que la esperanza de ellos en su propia resurrección no era una bella ilusión sin más, sino su convicción de que Jesús no les podía haber mentido.

> *Esta es la voluntad del que me envió, que no pierda a ninguno de los que me confió, sino que los resucite el último día.*

> *Porque esta es la voluntad de mi Padre, que todo el que contempla al Hijo y cree en él tenga vida eterna y yo lo resucitaré el último día (Juan 6,39-40).*

Aquí el lector podría preguntarse, ¿está afirmando Jesús que sólo resucitarán y alcanzarán la resurrección los que crean en él, los que compartan la fe cristiana? Conviene ofrecer al menos dos aclaraciones: 1ª) que Jesús se está dirigiendo a personas que han tenido ocasiones abundantes –si le hubiesen contemplado y escuchado sin prejuicios– para tener datos sobrados de que su mensaje era el de un enviado de Dios, el Mesías, y que no se trataba ni de un alucinado ni de un impostor; y 2ª) que tener fe en él no consiste en limitarse a declarar, por ejemplo, "creo en Jesucristo, el Mesías y el hijo de Dios, etc.". Consiste ante todo en tomarse en serio su mensaje espiritual para la Nueva Humanidad como mensaje divino, y convertirse a él: ir adecuando la propia vida, por ejemplo al espíritu de las bienaventuranzas, del sermón de la montaña, al espíritu del que Jesús constituyó el modelo, a través de sus actitudes y actuaciones. Un espíritu que pueden haber vivido multitud de personas no vinculadas al cristianismo, pero que se habrán caracterizado en su vida por sus actitudes éticas o humanizadoras y, gracias a ello, su sensibilidad respecto a las inspiraciones del Espíritu Santo, a través de su conciencia. Con ello habrán adecuado su conducta al proyecto divino (la "voluntad del Padre", en el vocabulario cristiano). De ahí que Jesús haya podido decir a los fariseos: "Vendrán del Oriente y del Occidente y pasarán delante de vosotros en el Reino de Dios" (*Lucas 13, 29*), o también: "No todo el que dice Señor, Señor, entrará en el Reino de Dios, sino el que cumple la voluntad de mi padre" (*Mateo 7, 21*). Y por ello, también, en los textos del Concilio Vaticano II se encuentran párrafos como el siguiente, después de haberse referido a los que se salvarán encontrándose vinculados a religiones no cristianas:

> *Ni el mismo Dios está lejos de otros que buscan al Dios desconocido, puesto que todos reciben de Él la vida, la inspiración y todas las cosas (cfr. Apocalipsis 17,25-28) y el Salvador quiere que todos los hombres se salven*

(Cfr. 1 Timoteo 2,4). Pues quienes, ignorando sin culpa el Evangelio de Cristo y su Iglesia, buscan, no obstante, a Dios con un corazón sincero y se esfuerzan, bajo el influjo de la gracia, en cumplir con obras su voluntad, conocida mediante el juicio de la conciencia, pueden conseguir la salvación eterna. Y la divina Providencia tampoco niega los auxilios necesarios para la salvación a quienes sin culpa no han llegado todavía a un conocimiento expreso de Dios y se esfuerzan en llevar una vida recta, no sin la gracia de Dios. Cuanto hay de bueno y verdadero entre ellos, la Iglesia lo juzga como una preparación del Evangelio y otorgado por quien ilumina a todos los hombres para que al fin tengan la vida (Constitución sobre la Iglesia, 16).

¿Qué podemos decir en un intento de barruntar aquella otra vida sobre la que, como sabemos, san Pablo advirtió que *"ni ojo vio, ni oído oyó, ni pasa por la mente humana lo que Dios tiene preparado a los que le aman"*? (1 *Corintios* 2,9).

Algo ya ha quedado adelantado, principalmente en el capítulo 2 (Muerte y resurrección), al referirme a las hipótesis sobre a) la muerte como nuevo nacimiento; b) como frontera entre la existencia corporal temporal y la eterna, y c) como una nueva vida en la que se da discontinuidad pero también continuidad respecto a la terrena. A continuación voy a detenerme en los aspectos siguientes: a) la indescriptible novedad de la plenitud de la vida eterna; b) el "cielo" como potenciación de lo experimentado en la tierra; c) la experiencia glorificada de la colectividad humana; d) la aspiración cristiana a contribuir para una existencia terrena con algo de "cielo".

2. La indescriptible novedad de la vida eterna

De vez en cuando es preciso recordar que, según queda claro en todo el conjunto de los escritos inspirados del Nuevo Testamento, la verdadera meta de la existencia humana no se podrá experimentar en esta vida terrena. En el Antiguo Testamento la esperanza de la vida eterna aparece sólo en escasas ocasiones, en escritos tardíos: "El Rey del Universo nos resucitará a una vida eterna" (2 Macabeos 7,9), y refiriéndose a los hermanos macabeos mártires: "Mis hermanos, después de soportado un breve tormento, han muerto con la promesa divina de la vida eterna" (2 *Macabeos* 7,36; cfr. *Daniel* 12,2-3). Pero es, sobre todo, en los cuatro evangelios, en las cartas de san Pablo a las comunidades cristianas de Asia menor, Grecia y Roma, y en el Apocalipsis, donde esta convicción y esperanza se manifiesta como algo fundamental de la fe cristiana. En el caso del autor del libro del Apocalipsis, Juan (*Johanan*), como hace notar Tresmontant (1994), se ve obligado a redactarlo con un lenguaje cifrado, sólo inteligible para los destinatarios previamente instruidos. La razón de ello era que en los años en que Johanan elaboraba este escrito, la comunidad cristiana de Jerusalén y otros lugares de Israel sobrevivía en un ambiente de terror, a causa de la persecución y las muertes por declararse cristianos, por parte de los gobernantes romanos, los reyes judíos colaboradores y el alto sacerdocio de Jerusalén.

> *Vi un cielo nuevo y una tierra nueva. El primer cielo y la primera tierra han desaparecido, el mar ya no existe. Vi la ciudad santa, la nueva Jerusalén, bajando del cielo, de Dios, preparada como novia que se arregla para el novio. Oí una voz potente que salía del trono: Mira la morada de Dios entre los hombres: morará con ellos, ellos serán su pueblo y Dios mismo estará con ellos. Les enjugará las lágrimas de los ojos. Ya no habrá muerte, ni pena, ni llanto, ni dolor. Todo lo antiguo ha pasado (Apocalipsis, 21,1-4).*

Lo que queda claro, entre otras cosas, es que la meta final de la existencia humana no tendrá lugar en esta vida terrena.

Dios no se contenta, para nosotros, con lo que noso-

tros nos imaginamos equivocadamente que nos podría satisfacer, es decir, una vida tranquila y confortable en nuestro minúsculo planeta (Tresmontant, 1979, p. 128).

Somos conscientes hace tiempo, gracias a la ciencia, de que toda la historia del Universo y de los seres vivientes ha transcurrido a lo largo de un proceso evolutivo en el que, de vez en cuando, han tenido lugar saltos creativos, nuevas formas de realidad que anteriormente, a partir de los datos del pasado, hubiesen sido impredecibles. Siempre que se produce una novedad creadora constituye algo que no se hubiese podido lograr a partir de los recursos del pasado. Esto puede decirse de acontecimientos como el paso de la materia inorgánica a la orgánica, el paso del animal no humano al humano, quizá también podría afirmarse respecto a la creación de una sinfonía de Beethoven o Mozart. Dentro de esta visión cosmológica y antropológica evolutiva, podemos reconocer que el mensaje cristiano sobre la resurrección implica que todavía no nos encontramos en la fase final del proceso.

> *Según el cristianismo, el hombre es un animal, que apareció –eso lo sabemos ahora por las ciencias de la naturaleza– al término actual de la evolución cósmica, física y biológica, hace sólo unos cincuenta mil años, si pensamos en el homo sapiens. Y este animal, que acaba de nacer, está llamado, según el cristianismo, a un destino trascendente, propiamente sobrenatural: la participación eterna en la misma vida de Dios (Tresmontant, 1979, p. 22).*

> *Según el cristianismo, este animal que es el hombre, está esencialmente inacabado. Lo está física, biológica, psicológica e intelectualmente. Pero lo está de un modo todavía más radical porque ha sido invitado, llamado, desde su creación, a una transformación radical, a una metamorfosis (Ibidem, p. 23).*

¿Qué significa la Resurrección desde el punto de vista filosófico, desde el punto de vista de la teoría general de la realidad, desde el punto de vista de nuestra visión general del mundo?

Si el hecho está asentado, bien asentado, por las manifestaciones personales del rabino galileo a sus discípulos –entre ellos el rabino fariseo Saulo, aquél que nosotros llamamos Pablo– significa que la Creación no se acaba en la creación de Universo, ni de los seres vivientes, ni de los seres pensantes, sino que existe una perspectiva ulterior, una perspectiva de futuro (Tresmontant, 1991, p. 374)

Parece ser cierto que predomina, en muchas personas, una actitud de incredulidad respecto a la posibilidad de una realidad futura que no pueda predecirse con los conocimientos y recursos de los que disponemos en el presente. Los que piensan así tal vez no se dan cuenta de que la visión determinista sobre la realidad, que Laplace defendió a comienzos del siglo XIX en su libro *Filosofía zoológica*, ya hace tiempo que es insostenible si se tienen en cuenta las aportaciones científicas posteriores. La teoría determinista de Laplace sostenía, por ejemplo, lo siguiente:

Una inteligencia que, en un instante dado, conociese todas las fuerzas por las que está animada la naturaleza, y la situación respectiva de los seres que la componen, si además esa inteligencia fuese suficientemente amplia para someter estos datos al análisis, abarcaría en la misma fórmula los movimientos de los mayores cuerpos del universo y aquellos del más ligero átomo. Nada sería incierto para ella, y tanto el futuro, como el pasado, estaría presente a sus ojos (Laplace, cit. en Tresmontant, 1991, pp. 374s.).

Esta concepción determinista sobre el cosmos, que tuvo gran predicamento en el siglo XIX, y que comparaba el Universo a una gran máquina, ya no es admisible tras una serie de descubrimientos científicos posteriores, que han dejado claro que toda la realidad objetiva se encuentra en permanente régimen de génesis. Efectivamente, como ya he señalado varias veces en este libro, se ha descubierto el permanente proceso evolutivo o régimen de génesis en la historia de la formación de la materia, en la historia de la formación del Universo, y en la historia natural de las especies vivientes. "El determinismo, por lo tanto, se derrumba. No queda ya piedra sobre piedra" (Tresmontant, 1991, p. 375). Sin embargo, perdura en la mentalidad de muchos un tipo de racionalismo que no acaba de digerir las consecuencias de estas comprobaciones. Por ello no puede dejar de rechazar *a priori* el hecho de la resurrección, antes de toda posible verificación sobre la posible historicidad de las apariciones de Jesucristo resucitado, y de su anuncio de la meta de nuestra vida.

> *Existe cierto racionalismo, un tipo de racionalismo, que razona a partir de este principio secreto: el futuro del Universo es igual o idéntico al pasado. Nada nuevo puede aparecer en el Universo. Tal tipo de racionalismo no es fiel a la experiencia, pues la experiencia, a saber la historia del Universo y de la naturaleza, nos enseña al contrario que todo es siempre nuevo en la historia del Universo, desde sus orígenes hasta hoy. Y si por lo tanto el hecho de la resurrección nos hace descubrir y conocer cierta cosa que se refiere al futuro de la Creación, nosotros no tenemos nada que objetar contra este hecho en nombre de nuestros conocimientos referidos al pasado del universo y de la naturaleza. La resurrección de Cristo es una anticipación. Nosotros no tenemos ningún derecho para rechazar, en nombre del pasado de la Creación, una anticipación del futuro* (Tresmontant, 1991, p. 376).

Es comprensible que, con esta mentalidad, si se tiene la oportunidad de escuchar el testimonio de místicos como, por ejemplo, san Juan de la Cruz, que –a partir de su propia experiencia espiritual y de personas a las que él orientó en sus procesos– describe las transformaciones personales que, ya en esta vida terrena, pueden constituir el inicio del "nuevo nacimiento", las considerará, *a priori*, como meras especulaciones. Incluso para uno que no participe de ese racionalismo reduccionista, se podrá dar esta actitud desconfiada hacia el místico.

> *Para los que estamos antes de estas transformaciones, o más acá de ellas, todo lo que cuenta san Juan de la Cruz puede parecernos pura especulación, del mismo modo que para la larva que todavía no ha iniciado su desarrollo, su metamorfosis y sus transformaciones, todo lo que dicen los libros de biología acerca de ellas, le parecería pura especulación* (Tresmontant, 1980, pp. 58s.).

Sin embargo para poderse encontrar uno capacitado, al morir, de introducirse en el ámbito divino y de la plenitud y felicidad eterna, se requiere una previa transformación. Esta puede experimentarse, tras la muerte, en el proceso de purificación al que me refiero en otro apartado, pero es preferible haberlo podido llevar a cabo ya en esta vida.

> *La perspectiva de Juan de la Cruz, como la de san Pablo, es genética: el hombre fue creado animal, y luego llamado a un destino sobrenatural. De modo que para responder a la invitación que se le hace, tiene que realizar una transformación, consentir en un nuevo nacimiento, morir al hombre antiguo, para nacer el hombre nuevo* (Tresmontant, 1980, p. 58).

> *La vida mística es la experiencia actual de una transformación, por medio de la cual pasamos de la existencia*

animal a la existencia espiritual que es la existencia divina, de la duración presente (<u>olam ha ze</u>, como decían los rabinos) a la duración futura (<u>olam ha bah</u>) que es la vida eterna, la duración de Dios. La experiencia mística nos da un anticipo, incompleto, rudimentario, incoativo, pero real, de la vida eterna, que es la participación en la vida de Dios. Es decir: el reino de Dios empieza, se asienta y se va desarrollando ya acá abajo (Tresmontant, 1980, p. 55).

Es comprensible que se haya generalizado la utilización de la palabra "cielo", en distintas cosmovisiones religiosas y culturas, para referirse a esa experiencia comunitaria de plenitud para la cual fue creado el ser humano. Parece comprobado que son muchas las personas que ya desde la adolescencia, o incluso la infancia, experimentamos un sentimiento profundo de admiración ante la grandiosidad del universo, contemplando el cielo en una noche estrellada. Todavía más, si alguien nos ofreció cierta información sobre las galaxias y sus distancias en años luz respecto a este minúsculo planeta en el que habitamos.

Por otra parte, distintas vivencias que se producen debido a los procesos que transcurren en el entorno natural han dado pie a barruntar –por analogía– facetas de la realidad divina: el paso de la oscuridad de la noche a la luminosidad tras la salida del sol, las conmociones provocadas por tempestades, etc.

¡Te necesito a ti, sólo a ti! Deja que lo repita sin cansarse mi corazón. Los demás deseos que día y noche me embargan son falsos y vacíos hasta sus entrañas.

Como la noche esconde en su oscuridad la súplica de la luz, en la oscuridad de mi inconsciencia resuena este grito: ¡Te necesito a ti, sólo a ti! Como la tormenta está buscando paz cuando golpea la paz con su pode-

> *río, así mi rebelión contra tu amor y grita: ¡Te necesito a ti, sólo a ti!* (Tagore, *Ofrenda Lírica*, 38).

Estas expresiones poéticas de Tagore conllevan la intuición de que en el fondo de todos nuestros deseos, anhelos y aspiraciones se encuentra, de hecho, el deseo de Dios, es decir, del "cielo". Sugiere también que –como señalaré luego– todo lo que en esta experiencia terrena aporta alegría, plenitud, entusiasmo, por ejemplo, por un amor profundo compartido, por el logro de una creación artística, científica, política, profesional, o por cualquier tipo de experiencia cumbre, ya implica una vivencia relacionada con la Divinidad, con un inicio de cielo en la Tierra.

> *El cielo de la fe <u>no es</u>, por tanto, <u>un lugar sino una forma de ser</u>, ya que el Dios infinito no es localizable en el espacio, no es limitable en el tiempo. Ya vimos que el cielo de Dios es ese "ámbito", ese "espacio vital" de Dios "Padre", cuyo símbolo, eso sí, puede seguir siendo el cielo físico visible con su magnitud, su claridad y su luminosidad. El cielo de la fe no es otra cosa que el ámbito, escondido, invisible-inaprensible de Dios, un Dios que no se sustrae en modo alguno a la tierra, sino que, llevando todo a la plenitud del Bien, hace participar en la gloria y en el reino* (Küng, 1994, p. 164).

La cercanía e intimidad con la Divinidad, esperada para la otra vida, dio lugar a que el místico san Juan de la Cruz se atreviese a afirmar que el proyecto divino es que lleguemos a vivir como "compañeros de Dios". De momento esta afirmación me resulta exagerada. Yo no cuento con –utilizando la imagen israelita– "estar sentado a la diestra de Dios", como Jesucristo. Tresmontant resume así la expectativa de este místico:

> *El objetivo que se propone el Único absoluto –lo vimos en los textos del mismo Juan de la Cruz– es crear se-*

res, no para dejarlos fuera de sí mismo, en una condición servil, sumisa o infantil, sino para constituir otros él-mismo, para que lleguemos a ser, como se atreve a decir Juan de la Cruz, compañeros de Dios (Tresmontant, 1979, p. 85).

Se ha dado con frecuencia, a partir de la fantasía tanto de creyentes como de ateos o agnósticos, la impresión de que la experiencia de la otra vida podrá ser causa de aburrimiento. Estas personas parece que presuponen que los bienaventurados estén siempre realizando lo mismo o no haciendo nada. Posiblemente hayan introyectado en su mente, ya desde la infancia, representaciones pictóricas que se las han tomado en serio, como si fuesen fotografías de la vida en el más allá. Si los que afirman esto no están hablando en broma, pienso que lo que demuestran es poseer más bien una pobre imaginación y capacidad intuitiva, cuando no la suposición de que los que compartimos la fe en la resurrección gloriosa somos personas un tanto pueriles y tontas. A partir de los datos sobre el concepto bíblico de Reino de Dios o de plenitud y felicidad eterna, no hacen falta muchas disquisiciones para comprender que ese otro mundo será una fuente de descubrimientos, novedades y sorpresas, de experiencias afectivas y creatividades incomparablemente más profundas que las que puedan vivirse en este planeta. Una divinidad que ha provocado este inabarcable acontecimiento del universo no puede dar pie a que en la otra vida echemos algo de menos.

Teniendo en cuenta que, según lo muestra toda la evolución del mundo, Dios se complace indudablemente en el movimiento dentro de la creación, es muy probable, por no decir seguro, que Él abra a los bienaventurados profundidades siempre nuevas de un misterio inagotable, y que se produzcan constantes novedades y sorpresas en el diálogo de los individuos entre sí, en el diálogo total de la comunidad y en la alegría y el conocimiento del mundo creado por Dios. Los glorifi-cados progresan de vida en vida, de alegría en alegría, de amor en amor, de admiración en admiración, de claridad en claridad, por el hecho de que reciben una creciente capacitación para penetrar cada vez más profundamente en el misterio de Dios, en el del hom-bre y en el del mundo (Schmaus, 1970, p. 829).

Una de las vivencias terrenas que pueden conducir a aproxi-mar a estados de éxtasis son aquellas relacionadas con la experiencia de la belleza. Podríamos diferenciar entre dife-rentes manifestaciones de belleza. Están las manifestaciones físicas de belleza en las personas, en paisajes de la naturale-za, en vivientes vegetales –por ejemplo flores y árboles- en vivientes animales. Está la belleza en obras de arte: pintura, escultura, arquitectura, música y otras. Están las manifesta-ciones de belleza en sentimientos y en actitudes humaniza-doras. Podríamos continuar la relación de la manifestación de lo bello en la vida terrena. A veces la palabra "gloria", en la Biblia, se aproxima mucho a la idea de belleza. Pienso que así puede interpretarse la frase del evangelista Juan, cuando en el capítulo uno declara:

Y la Palabra se hizo hombre
y puso su morada entre nosotros.
Y hemos contemplado su gloria,
gloria que recibe del Padre como Unigénito,
lleno de gracia y de verdad (Juan 1,14).

En la narración de la escena de la Transfiguración según el evangelista Lucas, se afirma –después de informar que Pedro y sus compañeros se durmieron– que "al despertar, vieron su gloria y a los dos hombres que estaban con él" (*Lucas* 9,32).

A partir de las diversas manifestaciones de la belleza –física, sentimental, ética o espiritual– en las vidas humanas y en la naturaleza, ya los primeros teólogos cristianos vislumbraron en ello la huella de la Divinidad, es decir, de una Belleza que en su plenitud sólo se podría experimentar en la otra vida.

> *Los padres griegos, como por ejemplo san Basilio de Cesarea, Gregorio de Nazianzo, Gregorio de Nisa, llamaban a Dios "la Belleza" subsistente, la belleza misma. Es, en efecto, uno de los caracteres de Dios, una de las vías de acceso al conocimiento de Dios.*

> *San Juan de la Cruz explica cómo la Belleza increada se comunica al ser creado: "Hagamos de manera que, por medio de este ejercicio de amor ya dicho, lleguemos hasta vernos en tu hermosura en la vida eterna"* (Tresmontant, 1980, pp. 52s.).

Este es un tema en el que Tresmontant le gusta de vez en cuando explayarse, y que puede constituir un punto de apoyo para una meditación sobre el cielo. Vuelvo a traer aquí –aunque ampliada esta vez– la cita con la que encabecé el capítulo primero.

> *Para el hombre, el don que constituye la mujer, para la mujer este don que es el hombre. ¡La belleza de la creación! Al fin y al cabo, la creación podría ser apagada, gris, avara. Sin embargo, es lujosa, sobreabundante, y la belleza es su característica más universal. Esta belleza, este lujo de la creación, indica quien es Dios: Él no es ese dios avaro y triste, rencoroso y contable, mezquino, que quieren imponernos tantos tratados de espiritualidad. Dios es júbilo, su obra que lo manifiesta es júbilo. Sin ir hasta hablar de un carácter dionisíaco, lo que podría introducir confusiones, digamos sin embargo que este carácter dionisíaco que los antiguos habían percibido en la creación es ciertamente la obra del Creador. Este don de la mujer que ha sido hecho al hombre, no es el don de un dios apesadumbrado,*

> *puritano y celoso. La belleza de la mujer, la belleza del hombre, que son mutuamente don el uno para el otro, son enseñanza sobre el Dios creador, el Dios viviente. El rostro de la mujer nos enseña más sobre Dios que todos los tratados de espiritualidad. El deleite, la voluptuosidad que el hombre y la mujer conocen al conocerse, son también obra de Dios, y signos de Dios* (Claude Tresmontant, 1959, pp. 112s.)

Esta sincera, y también bella, comunicación de Tresmontant, que me hace sospechar que su amor hacia su compañera mexicana debía de ser muy vibrante y profundo, puede, ciertamente, ayudarnos a barruntar las vivencias emocionantes y sorprendentes a la vez que bellas, de esa otra vida en la que el aburrimiento será inexistente.

3. El "cielo": potenciación de lo experimentado en la tierra

Al referirme a la muerte y resurrección, ya advertí que el carácter trascendente de la realidad de la otra vida requiere que seamos conscientes de los límites de nuestra experiencia terrena (somos como larvas respecto a la otra vida, o como fetos en el útero materno), como también las limitaciones de nuestro vocabulario para pretender describir el más allá, es decir, requiere no perder de vista la discontinuidad entre ambos estados existenciales. Pero, al mismo tiempo, señalé que también hay que reconocer una continuidad, que la misma palabra "resurrección" implica. Es decir, que podemos evocar y contemplar las experiencias más bellas, valiosas, conmovedoras y entusiasmantes vividas por nosotros o conocidas de la vida de otras personas, imaginarlas vivenciadas con la máxima plenitud, y utilizarlas como apoyo para meditar en ese cielo que sobrepasa todo lo imaginable por la mente humana (cfr. *Corintios* 2,9). En la otra vida se encontrará, aunque transformado, transfigurado, todo lo valioso de ésta. Veamos como expresan esto tres autores diferentes.

El cielo no es el fruto de especulaciones difíciles para la inteligencia y para la fantasía. Es la potenciación de lo que ya experimentamos en la tierra. Cada vez que en la tierra hacemos la experiencia del bien, de la felicidad, de la amistad, de la paz y del amor, ya estamos viviendo, de forma precaria pero real, la realidad del cielo. En la vida se dan momentos de profunda tranquilidad y transparencia. Como por encanto las cosas grandes y pequeñas se destacan en sus debidas proporciones. Sentimos el mundo en su última reconciliación y con un sentido acogedor. Esos momentos pueden ser fugaces, pero pueden acontecer. Cuando acontecen hemos experimentado dentro de la tierra el germen de lo que es el cielo. Cada vez que experimentamos algo profundamente humano, hacemos simultáneamente la experiencia de lo ilimitado, de algo "más" que circunda todas las cosas, es el adviento y la parusía del cielo (Boff, 1981, p. 90).

La melodía única de tu voz, el destello fugaz de tu mirada, la frescura de tus manos sobre mi frente, esa hora sublime en que la oración tenía el sabor del pan de la tierra partido después del largo trabajo de un día de verano, esto, y sólo esto, es lo que volveré a encontrar en Dios. Pero sin límites, y lejos del filtro avaro del tiempo y del espacio. Sólo he vivido aquí de estas migajas, he caminado a la luz de esos fulgores. Pero en el cielo esas migajas serán un pan inagotable y esos resplandores una interminable aurora (Thibon, 1973, p. 112).

Los conceptos que empleamos son a la vez positivos y negativos, como ocurre cuando hablamos de Dios. Aplicamos a Dios las perfecciones de nuestro mundo, pero despojándolas de todas las limitaciones propias de lo creado, de forma que nuestro hablar de Dios

> *es balbuciente, empleando términos que empiezan por "todo" o por "in-", tales como "todopoderoso" o "in-finito". Del mismo modo, cuando hablamos de la vida eterna nos vemos obligados a tomar como punto de partida una vez más nuestra vida terrena: la vida eterna será, pues, una plenitud de lo terreno, pero sin las limitaciones terrenas, tales como la muerte, el sufrimiento, la despersonalización, el irse desmoronando y gastando el tiempo (véase, por ejemplo, 1 Corintios 15,42-44) (Schoonenberg, 1969, 107s.).*

Así se comprende la poca ayuda que han ofrecido, para la meditación sobre la plenitud y felicidad eterna como meta de la existencia humana, aquellos que, descorporeizando totalmente la vida en el más allá, han impedido apoyarse en las obras del Creador y en las experiencias de criaturas humanas –creadas a imagen de Dios- para barruntar algo de la vida eterna.

> *Para muchos hombres, semejante cielo tiene que ver <u>muy poco con la tierra</u>, con esta vida, con las esperanzas humanas. De manera peligrosamente connatural, el cielo se ha convertido en un reino de espíritus puros. Lo hemos concebido con harta frecuencia como el término de una gozosa fuga del más acá. El aburrimiento de su decorado ha ido podo a poco soterrando los impulsos de esperanza de los hombres* (Küng, 1983, pp. 353s.).

Y respecto a la probable nueva corporeidad, ya no biológica sino espiritual (el "cuerpo espiritual, según san Pablo) que podrá permitir la diferenciación personal y la comunicación interpersonal y con el cosmos, de una forma incomparablemente más profunda que la posible en la tierra, cabe sostener, al menos como hipótesis, que probablemente tenga lugar inmediatamente después de morir.

> *Ninguna verdad revelada se opone a la afirmación de que el hombre alcanza una nueva existencia corporal inmediatamente después de la muerte, mientras el cuerpo terrestre es puesto en el sepulcro o quemado o se corrompe. Semejante transformación instantánea no puede demostrarse en sentido estricto. Pero hay fundamentos que confieren gran probabilidad a esa tesis* (Schmaus, 1970, p. 755).

4. Experiencia glorificada de la colectividad humana

Aunque ya he adelantado algo sobre la vida social previsible en la existencia de los resucitados, sobre todo al referirme a la vivencia del amor interpersonal, hay algunos aspectos más que conviene señalar. Está claro que el encuentro y unión con la Realidad divina suprapersonal implicará el alcance de todos los anhelos humanos. Sin embargo veo preferible que al intentar –consciente de nuestras limitaciones– cierta descripción sobre la vida eterna, es conveniente destacar su dimensión comunitaria, dada la relevancia que ésta tiene en la vida terrena, como causa de alegrías y felicidad o, por el contrario, de frustraciones y tristeza.

El "sólo Dios basta" de santa Teresa de Ávila implica una tan "radical sublimación de las necesidades vitales", un "ideal ascético-monacal de cielo", únicamente "accesible a una pequeña élite de superdotados religiosamente y bien entrenados intelectualmente" (Häring, cit. en Küng, 1983, p. 353).

> *¿Contemplaremos y amaremos únicamente a Dios, y a los demás hombres –como algunos teólogos sostienen– a lo sumo indirectamente? ¿No resulta así un cielo al que, si se exceptúa el oro de la eternidad, falta todo colorido, todo calor, sentimiento, alegría vital, sensibilidad, auténtica felicidad humana y, en suma, con todo lo que ya en la tierra constituye una "vida*

alternativa"? ¿Un cielo, pues, para estetas y ascetas? (Küng, 1983, p. 353).

La experiencia comunitaria de los resucitados constituirá el logro de lo que en la historia terrena de la humanidad se imaginó y soñó en sucesivas utopías sociales. El logro de una sociedad ideal con ausencia total de abusos, de marginación, de colectivos del Tercer y Cuarto mundos con muchos derechos humanos desatendidos. Una experiencia interpersonal y comunitaria sin los efectos destructivos de actitudes deshumanizadoras y antisociales como la egolatría, el ansia de poseer y de poder, la insensibilidad e irresponsabilidad social, la ausencia de solidaridad. Tornos y Schmaus ponen énfasis cuando se ocupan de describir esta faceta del "cielo".

> *Lo que anuncia por tanto Jesús es una especie de situación social o sociorreligiosa (como diríamos ahora) en que se van a acabar todos los abusos y todas las miserias, porque es Dios mismo quien va a tomar sobre sí la responsabilidad de que se acaben. Esto para Jesús es firme aunque sus expresiones con relación al cuándo y cómo de la llegada de ese nuevo régimen (o reinado) sean muy variadas, e incluso sugieren que Jesús cambió de ideas sobre ello a lo largo de su vida. Pero este cambio de ideas sobre el cuándo y el cómo, no afecta a o sustancial: Jesús llama a la esperanza porque está seguro de que el reinado de Dios llega, y de que ese reinado trae consigo toda una forma de vida nueva, sin miserias y sin abusos. Es problema nuestro si nos fiamos o no de esa seguridad de Jesús* (Tornos, 1983, p. 594).

> *La comunidad futura no estará vulnerada por ninguna fuerza anticomunitaria, como el egoísmo, el amor propio, la avaricia, el miedo, la pereza. Allí cada uno aportará su peculiaridad individual a la comunidad, desarrollándola plenamente en ella. Estamos viendo*

como la conocida idea de la sociedad sin clases se realizará en la forma futura de la humanidad y, a su vez, como ella permanece por debajo del futuro absoluto (Schmaus, 1970, p. 766).

La comunidad celeste está libre de todas las deficiencias inherentes a cualquier conciencia humana, incluso al amor más íntimo y a la amistad más profunda. Se halla exenta de egoísmo y torpezas, de la debilidad y el cansancio, de la coartación por la ley del espacio y del tiempo (Schmaus, 1970, p. 824).

La plenitud de madurez humana, o de cualidades humanizadoras, que enriquecerá la personalidad de los bienaventurados no les afectará sólo en su realidad individual, sino también en su estructuración y dinamismo comunitario.

Si bien es cierto que la vida eterna es genuinamente personal, no consiste simplemente en el progreso y la perfección de los individuos. Tal como aparece en el reino de Dios predicado por Jesús, es la instauración y el perfeccionamiento de una comunidad humana universal de amor fundada en la comunión con Dios (Sachs, 1993, p. 121).

En el lenguaje figurado que se encuentra en la Biblia para describir el cielo –aunque sin perder de vista el carácter inefable de esta realidad– se encuentran imágenes como las siguientes:

reino de Dios, vida eterna, paz, alegría, casa paterna, día sin ocaso, gloria celestial, banquete celestial, banquete nupcial, satisfacción sin tedio, visión beatífica, luz, armonía, etc. (Boff, 1981, p. 80).

Para intuir algo sobre la dimensión comunitaria de los bienaventurados, veo de interés detenerme un poco más en las imágenes del banquete celestial o banquete nupcial, por ser la que más utilizó Yeshúa, y por percibirla como especialmente expresiva, siempre que nos situemos en el contexto antropológico cultural en el que era utilizada. Veamos algunos párrafos tanto del Nuevo Testamento como, sobre todo, del Antiguo, en los que la imagen de una comida, o cena, o banquete, es una figura de la plenitud de la existencia en el Reino de Dios en esta vida, o en la eterna.

La parábola del hijo pródigo viene a ser una revelación por parte de Yeshúa, sobre la actitud misericordiosa del padre –símbolo de Dios– y de su alegría, expresada por la celebración de una fiesta con banquete. La "salvación" del hijo que se había perdido, se expresa en el banquete de fiesta. Para celebrar la vuelta del hijo pródigo, el padre exclamó con entusiasmo:

> *En seguida, traed el mejor vestido y ponédselo; ponedle un anillo en el dedo y sandalias en los pies. Traed el ternero cebado y matadlo. Porque este hijo mío estaba muerto y ha revivido, se había perdido y ha sido encontrado. Y empezaron la fiesta (Lucas 15,22-24).*

Dos parábolas semejantes sobre la invitación a un banquete aparecen, con algunas variantes, en el Nuevo Testamento, a saber: en *Mateo* (22,1-14), y en *Lucas* (14,16-24). En la de Mateo Yeshúa la comienza diciendo: "El reino de Dios se parece a un rey que celebraba la boda de su hijo". Queda implicado, por lo tanto, además de la imagen del banquete, la celebración del amor humano, símbolo de amor en la plenitud de la vida. Nos encontramos con dos parábolas dirigidas a los que rechazan a Yeshúa y su mensaje sobre la buena noticia de que se acerca el reino de Dios. Son las personas que en diversos grados se implican en el grupo de los que no están dispuestos a acoger la revolución espiritual que reclama Jesús, por ejemplo con las bienaventuranzas y el sermón de la montaña. Y, sobre todo, con su estilo de vida y sus actitudes al relacionarse con diferentes grupos humanos. El banquete de bodas lo organiza, según Mateo, un rey, y según Lucas, "un hombre". En ambos casos se describe cómo los invitados se desentienden, o presentan excusas para dispensarse de acudir a la fiesta. En vista de ello, en el caso de la versión de Mateo el rey dice a sus criados: "El banquete nupcial está preparado, pero los invitado no se lo merecían. Por tanto, id a las encrucijadas y a cuantos encontréis invitadlos a la boda". En la versión de Lucas, el anfitrión ordena a un criado: "Sal aprisa a las plazas y calles de la ciudad y tráete a pobres, lisiados, ciegos y cojos".

Es fácil percatarse de que el personaje que invita a la cena simboliza a Dios que invita a la entrada en el Reino (o la Nueva Humanidad). Los que menosprecian la invitación vienen a ser el pueblo israelita que, en su mayoría, no supo acoger en mensaje del Mesías. También en ocasión de celebrar Jesús la última cena, con los apóstoles, antes de su procesamiento, vuelve a relacionar la experiencia del Reino con una cena festiva o banquete.

> *Os digo que en adelante no beberé de este producto de la vid hasta el día que lo beba con vosotros nuevo en el reino de mi Padre (Mateo 26,29).*

> *Vendrán de oriente y occidente, del norte y del sur, y se recostarán a la mesa en el reino de Dios (Lucas 13,29),*

> *Vosotros sois los que habéis permanecido conmigo en las pruebas, y yo os encomiendo el reino como mi Padre me lo encomendó, para que comáis y bebáis y os sentéis en doce tronos para regir las doce tribus de Israel (Lucas 22,28-30).*

También en el libro del Apocalipsis se encuentra también presente la imagen de la cena:

> *Mira que estoy a la puerta llamando. Si uno escucha mi llamada y abre la puerta, entraré en su casa y cenaré con él y él conmigo (Apocalipsis 3,20).*

Del Antiguo Testamento, aunque probablemente referida a la esperada vivencia del Reino de Dios en esta tierra, veamos dos párrafos del profeta Isaías. Respecto a la expresión "Señor de los ejércitos", que puede herir nuestra actual sensibilidad de pacifistas radicales, hay que entenderla como una metáfora sobre el poder divino del Creador del Universo, aunque también un probable antropomorfismo del redactor inspirado, propio de la mentalidad guerrera de aquel pueblo de Israel.

> *El Señor de los ejércitos ofrece a todos los pueblos, en este monte, un festín de manjares suculentos, un festín de vinos de solera, manjares enjundiosos, vinos generosos (Isaías 25,6).*

> *¡Atención, sedientos! Acudid por agua, también los que no tenéis dinero: venid, comprad trigo, comed sin pagar, vino y leche de balde [...] Escuchadme y comeréis bien, saborearéis platos sustanciosos (Isaías 55,1-2)*

En distintos apartados del libro del Deuteronomio, en el Antiguo Testamento, aparece la instrucción sobre la comida que habrán de compartir con aquellos que les acompañen el día que vayan a "visitar la morada del Señor". Es decir, aparece una relación entre la celebración religiosa –incluidos el ofrecimiento de reses y la décima parte de los productos del campo– y una comida festiva compartida.

> *Vosotros iréis a visitar la morada del Señor, el lugar que el Señor, vuestro Dios, se elija en una de sus tribus, para poner allí su nombre. Allí ofreceréis vuestros holocaustos y sacrificios: los diezmos y ofertas, votos*

y ofrendas voluntarias y los primogénitos de vuestras reses y ovejas. Allí comeréis tú y tu familia, en la presencia del Señor, vuestro Dios, y festejaréis todas las empresas que el Señor tu Dios haya bendecido (Deuteronomio 12,5-7).

Todos los años apartarás el diezmo de los productos de tus campos y comerás en presencia del Señor, tu Dios, en el lugar que se elija por morada de su nombre (Deuteronomio 14,22-23).

Para comprender mejor la resonancia emocional que tenía para los judíos de aquel tiempo la palabra "banquete" o incluso la "comida", cuando la persona era invitada a compartirla con otros, hay que saber lo que esta experiencia implicaba. Como ya es sabido, los comensales se situaban sentados o echados en el suelo o, preferentemente, sobre divanes, apoyados sobre el codo izquierdo. Aparte del desayuno que precedía al trabajo, tenían una comida muy ligera durante la mañana o al mediodía, y otra, la principal, por la tarde. Obsérvese que este horario de comidas es el que predomina, actualmente en casi todos los países europeos, y probablemente del mundo. Lo excepcional es el horario habitual en España, que tanto convendría modificar.

Ordinariamente la comida se componía de pan, agua, fruta, y a la tarde, se añadía algún plato caliente. La carne y el vino, artículos de lujo, quedaban reservados a las grandes ocasiones, que por lo demás eran frecuentes; de ahí las comilonas y borracheras (Leon-Dufour, 2002, p. 193).

Las expresiones "banquete celestial", o "banquete nupcial", utilizadas por profetas y por Jesucristo, para referirse a la otra vida, podrían despertar una fuerte motivación en un pueblo que, a temporadas, había soportado experiencias de hambre y de sed. Además, el clima festivo de esos banquetes eran ocasiones en que se podían fortalecer los vínculos afectivos entre parientes, amigos y compañeros, y, a veces, producirse reconciliaciones entre personas y grupos en conflicto. El compartir juntos la emoción ante una pareja de enamorados que celebraba su pacto de amor y convivencia para toda la vida, podía movilizar sentimientos positivos en las relaciones interpersonales de los participantes en la fiesta. Pienso que merece la pena la cuidada descripción que nos ofreció Giuseppe Ricciotti –en 1941– sobre el clima y contenido de esas celebraciones de bodas en aquel tiempo, a propósito de la participación de Jesucristo y María en una boda de Caná.

Las bodas de Caná fueron los nissü'in del ceremonial judío. La fiesta que las acompañaba era sin duda la más solemne de toda la vida para la gente de grado social medio y bajo, y podía durar incluso varios días.

La esposa salía de manos de las amigas y parientes pomposamente engalanada, con una corona en la cabeza, el rostro muy acicalado, resplandecientes los ojos por los colirios, pintados los cabellos y las uñas, cargada de collares, brazaletes y otros adornos, en la mayoría de los casos falsos o prestados. El esposo, coronado también y rodeado por los "amigos del esposo", iba al caer la tarde a casa de la esposa para recoger a ésta y conducirla a la suya propia. La esposa le recibía circundada de sus amigas, provistas de lámparas, y todas prorrumpían en aclamaciones al llegar el esposo. De casa de la esposa a la del esposo se organizaba un cortejo en el que tomaba parte todo el pueblo, con luminarias, cantos, música, danzas y gritos jubilosos. Tanta era la autoridad moral de semejantes cortejos, que hasta los rabinos interrumpían las lecciones en las escuelas de la Ley y salían con sus discípulos a felicitar a los esposos. En casa del marido se celebraba luego la comida nupcial, con cantos y discursos de congratu-

lación y augurio feliz, discursos en que tampoco falta-
ban atrevidas alusiones, en especial cuando la comida
estaba adelantada y la comitiva se hallaba toda ella
más o menos excitada por las libaciones.

Se bebía, en efecto, sin parsimonia, menudeando los
vasos cordialmente, ya que se trataba de una señala-
da ocasión para aquella gente que llevaba todo el año
una vida austera y trabajosa. Se libaban vinos especia-
les; guardados cuidadosamente desde mucho tiempo
atrás para la ocasión. Aún hoy pueden verse surgir en
algún oscuro ángulo de tal o cual casa árabe filas de
misteriosas jarras, y se oye al dueño de la casa decir
con gravedad y compunción que no deben tocarse,
porque se trata del vino de bodas. Por lo demás, en las
Escrituras hebreas se leía que el vino alegra el corazón
del hombre, y aquella gente quería obedecer a las Es-
crituras al menos en la alegría nupcial (Ricciotti, 2000,
pp. 85s.).

Eran, pues, muy variadas las clases de alegrías y placeres implicados en una celebración de bodas, tanto por parte de los
protagonistas principales –los que formalizaban su compro-
miso de amor– como de todos los participantes. Esos tres,
cuatro o cinco días que podían transcurrir, en medio de banquetes, danzas, canciones, discursos y felicitaciones podían
luego conservarse en la memoria, por esas gentes sencillas,
como vivencias de cielo en la tierra.

En el banquete parece que la vida se reconcilia: de
hostil y dura se transforma en alegre "a manos llenas,
con el gesto del regalo generoso de la alegría impertur-
bable" (Ratzinger) (Boff, 1981, p. 80).

5.   ¿Algo de cielo ya en la tierra?

El concilio Vaticano II nos ofreció una breve síntesis sobre lo que en la Biblia se denomina "Tierra nueva y cielo nuevo", que veo conveniente traer aquí. Yo no voy a detenerme en el llamado juicio final y en la llamada "parusía" o segunda venida del Señor al final de los tiempos. Es un tema que tengo todavía pendiente aclarar. Me resulta difícil diferenciar lo que ocurrirá en la muerte de toda persona –que como he dicho pienso, como muy probable, que dé ya lugar a la resurrección del cuerpo (aunque un cuerpo no biológico)–, y lo que pueda añadirse en ocasión de la parusía (que me resulta demasiado lejana y con excesiva población). No acabo de entender cómo se puede hablar de un "antes" y un "después" (al final de los tiempos), si nos encontraremos en una forma de existencia no temporal, sino eterna. La síntesis que ofrece el texto conciliar es la siguiente:

Ignoramos el tiempo en que se hará la consumación de la tierra y de la humanidad. Tampoco conocemos de qué manera se transformará el universo. La figura de este mundo, afeada por el pecado, pasa, pero Dios nos enseña que nos prepara una nueva morada y una nueva tierra donde habita la justicia, y cuya bienaventuranza es capaz de saciar y rebasar todos los anhelos de paz que surgen en el corazón humano. Entonces, vencida la muerte, los hijos de Dios resucitarán en Cristo, y lo que fue sembrado bajo el signo de la debilidad y de la corrupción, se revestirá de incorruptibilidad, y, permaneciendo la caridad y sus obras, se verán libres de la servidumbre de la vanidad todas las criaturas que Dios creó pensando en el hombre.

Se nos advierte que de nada le sirve al hombre ganar todo el mundo si se pierde a sí mismo. No obstante, la espera de una tierra nueva no debe amortiguar, sino más bien avivar, la preocupación de perfeccionar esta tierra, donde crece el cuerpo de la nueva familia humana, el cual puede de alguna manera anticipar un vislumbre de un siglo nuevo. Por ello, aunque hay que distinguir cuidadosamente progreso temporal y crecimiento el reino de Cristo, sin embargo, el primero, en cuanto puede contribuir a ordenar mejor la sociedad humana, interesa en gran medida al reino de Dios.

Pues los bienes de la dignidad humana, la unión fraterna y la libertad; en una palabra, todos los frutos excelentes de la naturaleza y de nuestro esfuerzo, después de haberlos propagado por la tierra en el espíritu del Señor y de acuerdo con su mandato, volveremos a encontrarlos limpios de toda mancha, iluminados y transfigurados, cuando Cristo entregue al Padre el reino eterno y universal: "reino de verdad y de vida; reino de santidad y de gracia; reino de justicia, de amor y de paz" (Misal Romano, prefacio de la fiesta de Cristo Rey). *El reino está ya misteriosamente presente en nuestra tierra; cuando venga el Señor, se consumará su perfección* (Concilio Vaticano II: *Constitución sobre la Iglesia en el mundo actual,* 39).

Queda pues claro, una vez más, por parte del magisterio oficial de la Iglesia, que al invitarnos a reflexionar y meditar de vez en cuando sobre nuestras esperanzas respecto a la otra vida, no es para nada su intención que nos sirva de evasión respecto al presente, o contribuya a que nos desinteresemos en trabajar por lograr un mundo más justo en el que la dignidad de toda persona humana sea cada vez mejor respetada. Nada por lo tanto, al menos respecto al Cristianismo, de una religión que sea el "opio del pueblo", sino todo lo contrario. Aquellos cristianos que no estén implicados, de alguna forma, en la construcción de un mundo mejor, deben abstenerse de ofrecer reflexiones sobre la esperanza del cielo.

Únicamente podremos predicar nuestra esperanza en un más allá dado por Dios, de forma que resulte creíble, si nos dedicamos a construir la vida presente mediante nuestra confianza en él (Schoonenberg, 1969, p. 105).

El teólogo Charles Duquoc ofrece una explicación razonable de por qué, tras un periodo inicial de grandes expectativas sobre la transformación que podría producirse en la sociedad, una vez que los emperadores romanos se adhirieron al cristianismo en el siglo IV, pronto se produjo, sin embargo, un profundo decaimiento de la esperanza de un Reino de Dios en la Tierra, y pasó a centrarse la atención, sobre todo en la Edad Media, casi sólo en la esperanza después de la muerte.

> *Una vez que el Imperio se hizo cristiano, una vez que la Iglesia alcanzó una posición de privilegio, nada impedía ya que el sueño, finalmente secularizado, se convirtiera en realidad. El reino había llegado ya en principio. Su mezquina realización, los fracasos repetidos, la decadencia ruinosa del Imperio, vinieron a revalorizar la idea de un cielo que nada debía a la tierra. Las posturas adoptadas más tarde por la cristiandad vinieron a ahondar el abismo que separaba el más acá del más allá (Duquoc, 1979, p. 382).*

Por suerte este cierto desánimo –y consiguiente pasividad – respecto a las posibilidades humanizadoras de este mundo, por parte de personas y grupos cristianos, está en claro decaimiento, y el Concilio Vaticano II puso especial énfasis en las responsabilidades de los distintos tipos de miembros de la Iglesia –sobre lo que ya he tratado antes ampliamente– en vistas a la transformación de actitudes y mentalidades personales, y de estructuras sociales, económicas y políticas. Va bien recordar que en el Antiguo Testamento –salvo en los libros de Daniel, los Macabeos, y algunos textos proféticos esporádicos– casi no se ocupó, ni se tomó conciencia– de la meta de la vida humana en una existencia eterna. Los profetas se ocuparon, sobre todo, de mejorar las condiciones de esta vida terrena. Aunque los cristianos, después de Jesucristo, tenemos como una convicción y esperanza principal, la referente a la existencia de los resucitados, queremos seguir siendo fieles a nuestra misión en esta Tierra. Somos conscientes de que el Cristianismo no es una religión espiritualista, a diferencia de algunas otras. Sabemos que somos más fieles al mensaje bíblico-cristiano si amamos y cuidamos a este mundo, y si amamos y cuidamos no sólo la dimensión espiritual de los otros seres humanos y la nuestra, sino también su salud física y psicológica, su bienestar material y cultural, y sus experiencias afectivas y creativas terrenas.

> *El evangelio de Jesús no reniega de nada de lo que con tanta energía proclamó el Antiguo Testamento, hasta el punto de no interesarse, casi durante la totalidad de su historia, por una vida situada más allá de la muerte. Era preciso que los creyentes estuviesen fuerte y apasionadamente adheridos a la felicidad presente para que pudiesen, en virtud de promesas de mucho peso, no despreciarla. Jesús no resta nada del vigor y de la sana actitud del Antiguo Testamento ni construye su evangelio sobre una liberación con respecto a nuestro mundo, sobre la huida o la resignación. Por el contrario, igual que Job, Jesús proclama dichosos a los creadores de felicidad, precisamente por su impaciencia ante la desdicha o por su rebeldía frente a las múltiples opresiones que hacen de nuestro mundo una jungla. Jesús no glorifica ni las lágrimas, ni el hambre, ni la injusticia tolerada. Al contrario, se alza contra los que hacen llorar, contra los que persiguen y matan. En este sentido, Jesús no rompe con la tradición profética de Israel, sino que la lleva a su plenitud* (Duquoc, 1979, p. 387).

Capítulo sexto

EL RIESGO DE LA MUERTE DEFINITIVA

1. Un problema de antropogénesis: el rechazo al nuevo nacimiento

Como ya expuse en un capítulo anterior, al referirme a Jesús como el primer "hombre nuevo", comparto con Tresmontant su rechazo a una interpretación del cristianismo, según la cual la misión de Jesucristo se reducía a su tarea redentora o liberadora de las consecuencias del pecado. Según esta interpretación, la encarnación del *Logos* divino en Jesús de Nazaret sólo fue necesaria para reparar las consecuencias del mal moral a lo largo de la historia. Citaré aquí dos párrafos de Tresmontant.

> *Cuantos cristianos a lo largo de los pasados siglos, se han mantenido en una visión retrospectiva, reparadora, sin distinguir (vislumbrar) la perspectiva que es la propia y específica cristiana, la perspectiva genética y creadora orientada al futuro* (Tresmontant, 1988, p. 72).

> *Cristo es ciertamente redentor [liberador del pecado], pero no es solamente redentor. Es mucho más que redentor. Es aquél en quien, por quien y con quien la Creación se completa y alcanza su plenitud, su finalidad última* (Tresmontant, 1996, p. 23).

Esto conviene haberlo recordado de nuevo aquí al abordar la cuestión sobre la posibilidad y riesgo de que el ser humano no alcance la plenitud de la vida. Este posible fracaso existencial final consiste, en realidad, en obstaculizar el acceso a la última fase del proceso evolutivo de las especies vivientes, es decir el paso del mal llamado por los paleontólogos "homo sapiens sapiens" al "hombre nuevo" y "la mujer nueva", que en su plenitud sólo se alcanza en la existencia gloriosa de los resucitados. En esa otra vida en la que la unión de los bienaventurados con la Divinidad –el proceso de "divinización", según algunos padres de la Iglesia– es semejante al de Jesucristo resucitado, es decir, una inmanencia recíproca del ser humano creado y del Dios increado.

> *El problema es por consiguiente muy simple. El hombre es un ser inacabado. Está llamado o invitado a tomar parte en la vida personal del Único increado. Para que esto sea posible, es preciso que el hombre consienta en una metamorfosis, en una transformación, en un nuevo nacimiento, en una nueva creación que le haga capaz de tomar parte en la vida personal del Único increado [...]*

> *Para realizar este designio hace falta [...] que él ratifique el don de la divinización que se le ha propuesto; que él coopere activa e inteligentemente en esta metamorfosis, en esta transformación, en este nuevo nacimiento desde lo alto, en esta nueva creación que el Dios único opera en él* (Tresmontant, 1996, p. 59).

Por lo tanto el logro o fracaso en el tránsito a esa plenitud de la vida, en la que todos los hombres y mujeres bienaventurados serán realmente imágenes humanas de la Divinidad (es decir: otros Cristos) no es propiamente un problema de prohibiciones morales, premios o castigos. Se trata realmente, como dice Tresmontant, de un problema de ontogénesis y antropogénesis; de un logro o fracaso en el tránsito a la fase final de la creación divina del ser humano, con la libre cooperación de éste, ya que el hombre o la mujer no son "polichinelas" en manos de Dios.

> *Aquellos que durante siglos y sobre todo en los últimos siglos han querido reducir el cristianismo a un asunto de parvulario (en alemán <u>kindergarten</u>) con prohibiciones, castigos y recompensas para ridiculizarlo y deshonrarlo, no han comprendido nada. Se trata en realidad de un problema de ser: la creación por el Único de un ser que pueda mantenerse cara a cara ante él y al que pueda invitar a tomar parte en su vida. Es evidente que este ser sólo será un ser si produce fruto, si tiene la dignidad de causa, <u>dignitatem causandi</u> como lo escribía santo Tomás de Aquino, si coopera activa e inteligentemente en su propia creación, como mostró Maurice Blondel en <u>L'Etre et les êtres</u>. Se trata de un problema de ontogénesis y no de un problema moral o de derecho (Tresmontant, 1996, p. 62).*

> *La cuestión no es por lo tanto propiamente la de saber si nosotros vamos a ser condenados o castigados después de la muerte. La cuestión es saber si nosotros habremos realizado el hombre nuevo conforme al proyecto creador, es decir, si seremos capaces ontológicamente de tomar parte en la vida del Único que es la única vida. No es un problema de condena o castigo. Es un problema de ser (Tresmontant, 1996, pp. 73s.).*

Ya quedó claro, (vid. Rosal, 2011, capítulos 1 y 2), que a partir de la aparición en nuestro planeta de los primeros vivientes humanos, el avance del proceso evolutivo ya no procede con la fidelidad con que los nuevos mensajes genéticos producen sus novedades vegetales y animales. A partir de ese acontecimiento, la "información" se dirige a personas con libertad para acogerla o rechazarla, con personas con capacidad de colaborar u obstaculizar la obra del Creador. El ser humano tiene la capacidad de poderse resistir a la información creadora nueva que se le propone. Es decir, todo ser humano, desde el ejercicio de su libertad tiene, en principio, la posibilidad de malograr el tránsito a la plenitud de la vida eterna. Es capaz de rechazar la llamada divina a la consumación de su nuevo nacimiento, al impedir el logro de su profunda unión o inmanencia recíproca entre él y la Divinidad, y la indescriptible aventura de su vivencia en la sociedad de los hombres y mujeres resucitados.

2. Una doctrina del infierno compatible con la bondad divina y la dignidad de la persona

Ahora bien, a la hora de abordar la reflexión teológica sobre esta posibilidad –teniendo presente, claro está, la Sagrada Escritura, la Tradición, y el Magisterio oficial de la Iglesia– es preciso tomar medidas, desde el principio, para que, sin dejar de reconocer el carácter terrible de ese fracaso existencial definitivo, se evite a toda costa recaer en las monstruosas afirmaciones frecuentemente presentadas en el pasado, y que tan lamentables consecuencias provocaron. Entre éstas hay que destacar la de muchas vidas torturadas por trastornos de angustia, y no pocas personas que, a partir de esas interpretaciones amenazantes, decidieron despedirse de la fe cristiana.

Han de quedar claro, desde el principio, los puntos siguientes:

1) Cualquiera que sean las interpretaciones que se ofrezcan de la doctrina cristiana sobre el infierno, ha de poderse armonizar claramente con la imagen sobre la Realidad divina –el Creador del Universo, el Padre– que nos transmitió Jesús de Nazaret. Ha de constituir una interpretación sobre el infierno que pueda compaginarse con ese Dios que creó el Universo y el ser humano por amor, que –a través de Jesús– luchó siempre contra el sufrimiento físico, psicológico y espiritual, y perdonó a todos de manera incondicional. Ha de compaginarse con los sentimientos y actitudes que sugiere

el padre –símbolo de Dios– en la parábola del hijo pródigo. Si una determinada interpretación de la doctrina del infierno no puede armonizarse con estas facetas de la Divinidad que son fundamentales en la Revelación divina bíblico-cristiana, ha de ser rechazada como falsa. Y esto sigue en pie, aunque puedan recogerse afirmaciones de padres de la Iglesia, y de teólogos importantes de distintas épocas de la historia, que presentasen afirmaciones con esas características.

2) Otro requisito imprescindible es el de que el hipotético posible rechazo de la salvación eterna por parte de alguien debería implicar un acto auténticamente lúcido y libre. Ahora bien, es hoy algo sabido, gracias al progreso de los conocimientos psicológicos, lo difícil que resulta discernir si una conducta –o incluso una actitud habitual– es, de verdad, gravemente perjudicial para el ser humano, y si, además, el sujeto de la misma disponía de la suficiente capacidad de libertad para que pueda considerársele responsable de sus actos.

> *Los intentos teológicos de delimitar el pecado mortal mediante el estudio de las condiciones objetivas y subjetivas, a saber, el contenido de la acción y la postura interna de un autor, han dado algunos resultados importantes, pero no han podido llegar a una seguridad definitiva. Pues, si por condiciones subjetivas se entiende el conocimiento del objeto y la decisión de la voluntad, la actual psicología muestra que precisamente esos elementos son muy difíciles de enjuiciar en cada caso concreto. Y tampoco en lo relativo al contenido, es decir, a la importancia de una acción para la vida comunitaria del hombre y para el orden en el mundo creado por Dios, es posible encontrar normas totalmente seguras, ya que se dan numerosas situaciones límite* (Schmaus, 1970, p. 810).

Además, este requisito de la auténtica libertad ha de estar también implicado en los que acogen positivamente este tránsito a la vida de los resucitados. Ya que, en este proceso, Dios cuenta con la libre colaboración activa del ser humano a lo largo de su vida y en el acontecimiento de su muerte, incluida la probabilidad de una última posibilidad de decisión final, como ya mencioné en otro apartado.

3) Por otra parte, es preciso despedirse definitivamente de toda lectura literal –es decir, fundamentalista – de los textos bíblicos, incluidos aquellos que aparecen citados textualmente, –sin aclaraciones hermenéuticas–, en las declaraciones del magisterio oficial de la Iglesia, en documentos conciliares o papales.

> *Pues la verdad se presenta y se enuncia de modo diverso en obras de diversa índole histórica, en libros proféticos o poéticos, o en otros géneros literarios. El intérprete indagará lo que el autor sagrado dice e intenta decir, según su tiempo y cultura, por medio de los géneros literarios propios de la época. Para comprender exactamente lo que el autor propone en sus escritos, hay que tener muy en cuenta los modos de pensar, de expresarse, de narrar que se usaban en tiempos del escritor, y también las expresiones que entonces más se solían emplear en la conversación ordinaria* (Concilio Vaticano II: *Constitución sobre la divina revelación*, 12).

3. Expresiones metafóricas sobre el infierno en el Nuevo Testamento

Será bueno ofrecer aquí brevemente unas pocas aclaraciones sobre las palabras "fuego" y "gehenna" que aparecen en el Nuevo Testamento en relación con este tema. La palabra "infierno" no aparece tal cual en el Nuevo Testamento, pero constituye la palabra cuyo uso se generalizó pronto para referirse a las consecuencias de rechazar la llamada divina a la salvación. En el Nuevo Testamento se habla con expresiones diversas sobre el infierno, "no para destinar de antemano a determinados hombres a una suerte inevitable, sino para advertir y exhortar a buscar la salvación y la vida eterna en la fe en Jesucristo" (Baudraz, 1973, p. 125). Para describirlo aparecen variadas expresiones de la época, de carácter metafórico, procedentes de diferentes mitologías, siendo la más típica el término "gehenna", en griego, que viene de la palabra hebrea gé-Hinnum, valle situado al sur de Jerusalén, en el que, según textos del Antiguo Testamento, se habían realizado sacrificios humanos al dios Moloc, y posteriormente fue destinado a lugar donde se arrojaban y quemaban los cadáveres y la basura.

> *"Gehenna" tiene numerosos sinónimos o equivalentes: el fuego eterno (Mateo 18,8-9; 25,41); el fuego que no se apaga (Mateo 3,2; Marcos 9,44-48; el fuego y el gusano (Marcos 9,48; cfr. Isaías 66.24); el horno ardiente (Mateo 13,42), [...] las tinieblas de fuera (Mateo 8,12; 23,13; 25,30)* (Baudraz, 1973, pp. 124s.).

Así, por ejemplo, en Mateo, refiriéndose al destino de los malhechores, aparece esta declaración:

> *Y los echarán al horno de fuego. Allí será el llanto y crujir de dientes. Entonces, en el reino del Padre, los justos brillarán como el sol* (Mateo 13,42-43).

En la parábola del rico y Lázaro (que no hay que olvidar que es una parábola, que, por lo tanto, utiliza un lenguaje simbólico) se dice lo siguiente:

> *Había un hombre rico que se vestía de púrpura y lino, y banqueteaba todos los días espléndidamente. Un mendigo llamado Lázaro estaba echado en el portal, cubierto de llagas; habría querido llenarse el estómago con lo que tiraban de la mesa del rico; más aún, hasta se le acercaban los perros a lamerle las llagas. Se murió el mendigo, y los ángeles lo pusieron a la mesa al lado de Abrahán. Se murió también el rico, y lo enterraron.*

Estando en el abismo, en medio de los tormentos, levantó los ojos, vió de lejos a Abrahán con Lázaro echado a su lado y gritó: "Padre Abrahán, ten piedad de mi; manda a Lázaro que moje agua en la punta del dedo y me refresque la lengua, que me atormentan estas llamas" (Lucas 16,19-24).

Según el evangelista Mateo, Jesús advirtió del peligro de que personas con una religiosidad más aparente que real, confíen demasiado en que tengan garantizado en su momento su tránsito a la plenitud de la vida eterna, cuando en realidad sus obras estuvieron en contradicción con el proyecto divino de humanizar este mundo.

No todo el que diga ¡Señor, Señor! entrará en el reino de Dios, sino el que cumpla la voluntad de mi Padre del cielo. Cuando llegue aquel día, muchos me dirán: ¡Señor, Señor! ¿No hemos profetizado en tu nombre?, ¿no hemos expulsado demonios en tu nombre?, ¿no hemos hecho milagros en tu nombre? Y yo entonces les declararé: Nunca os conocí: apartaos de mi, malhechores (Mateo 7,21-23).

Veamos, finalmente, como último ejemplo de citas en las que se advierte del peligro de la condenación final, lo que afirmó Jesús –según el evangelista Mateo– tras elogiar la actitud del centurión romano que le había pedido la curación de un empleado suyo:

Os lo aseguro, una fe semejante no la he encontrado en ningún israelita. Os digo que muchos vendrán de Oriente y Occidente y se sentarán con Abrahán, Isaac y Jacob en el reino de Dios. Mientras que los ciudadanos del reino serán expulsados a las tinieblas exteriores. Allí será el llanto y rechinar de dientes (Mateo 8,10-12).

Habría que comprobar cuáles de las expresiones que aparecen en los textos evangélicos para referirse al peligro de no salvarse fueron realmente utilizadas por Yeshúa, y cuáles son la forma de contarlo los evangelistas, o los que informaron a éstos. Pero en cualquier caso, fuesen o no palabras empleadas por Yeshúa, eran habituales en aquellos tiempos. En ellas se manifiesta el estilo vitalista y corporal característico del lenguaje bíblico. Para decir "ser humano" o humanidad, utilizaban la palabra "carne". Por ejemplo: "la Palabra se hizo carne y acampó entre nosotros" (Juan 1,14). Para decir "persona" se utiliza "cuerpo". Por ejemplo: "esto es mi cuerpo que se entrega por vosotros" (*Lucas* 22,19).

> *En hebreo, por el no-dualismo, las pasiones, las funciones orgánicas, las sensaciones se atribuyen tanto al alma como a los órganos, y, por el contrario, el pensamiento y los sentimientos son algo de los órganos y de las partes corporales* (Tresmontant, 1962, p. 147).

Ejemplos de este estilo "carnal" del lenguaje hebreo son, por ejemplo: "Se alegrarán mis entrañas" (Proverbios 23,16), "No os inquietéis por vuestra alma sobre qué comeréis" (*Mateo* 6,25), "Se conmueven mis entrañas y no puedo menos de compadecerme de él, palabra de Yahvé" (Jeremías 31,20). Para expresar las diversas clases de emociones se utilizan muy variadas expresiones sobre reacciones fisiológicas aunque, con frecuencia, si las traducciones no son literales, esta característica del lenguaje queda ocultada. Es en este contexto en el que hay que entender expresiones como "llanto y rechinar de dientes".

La palabra "fuego" tiene significados muy diversos en el lenguaje bíblico.

> *En el Antiguo Testamento, el rayo es el "fuego de Dios" (2 Reyes 1,12). El fuego es medio de purificación. En el culto, el fuego sacrificial se usaba para quemar ofrendas en el altar e incienso en el incensario.*

> *Como Yahvé estaba presente en medio de su pueblo como juez que libera y castiga, el fuego que lo acompañaba se hizo expresión de dos aspectos diferentes de su actividad. En primer lugar, era señal del juicio divino; en segundo lugar, del favor divino, al mostrar por medio del fuego su aceptación de un sacrificio. Era también señal de la guía de Dios, como aparece en las columnas de fuego y de nube en el éxodo* (Mateos y Camacho, 1989, pp. 67s.).

Pero refiriéndonos ya a la utilización de esta metáfora en los evangelios:

> *Equivalente del fuego es la "gehenna", que designaba el quemadero de basuras de Jerusalén, situado en el valle de Hinnón. En Marcos 9,43.45.47, "ser arrojado al quemadero" está en oposición a "entrar en la vida" o "en el reino de Dios"; es, pues, símbolo de la muerte definitiva (Ibidem, p. 69).*

Muy diferente es el significado de fuego en aquel pasaje del evangelio de Lucas en el que Yeshúa afirma: "Fuego he venido a traer a la tierra, y ¡qué más quiero si ya ha prendido!" (*Lucas* 12,49). Aquí el fuego significa la fuerza iluminadora y energetizadora del Espíritu Santo, que en Pentecostés se manifestó también en forma de lenguas de fuego (*Hechos* 2,3). Con ello Jesús se distancia de la expectativa de Juan Bautista cuando anunciaba un fuego destructor como juicio divino.

4. Intención de los textos del Nuevo Testamento sobre el infierno

Debe quedar claro, teniendo en cuenta las aportaciones de la hermenéutica para una exégesis inteligente sobre el significado de estos textos, que ya es totalmente inaceptable sostener que la no-salvación consista en un castigo divino en el que, además del doloroso hecho de la total separación del ámbito divino –que es lo importante- el condenado tenga que padecer lo que se dio en llamar "la pena de sentido", es decir la tortura eterna de un fuego permanente.

Lo esencial del mensaje de este tipo de textos evangélicos es: a) anunciar la posibilidad de que el ser humano, a causa de una mala utilización de su libertad acabe rechazando –incluso en la oportunidad de una última decisión al morir– la acogida de la salvación que Dios le ofrece; b) motivarnos para un ejercicio responsable y cuidadoso de nuestras libre decisiones a lo largo de nuestra vida; y c) ayudarnos a tomar conciencia de que al final se realizará la justicia respecto a todos los que en esta vida han sido víctimas de personas y estructuras causantes de desgracias físicas, psicológicas y morales, y a las que con sus actuaciones o pasividades colaboraron de alguna forma con ello.

De ahí que san Pablo, viendo los injustos padecimientos que tenían que afrontar en aquellos años los cristianos y cristianas de sus comunidades, escribiese lo siguiente:

> *Es justo que Dios pague con aflicción a los que os afligen y a vosotros, los afligidos, os alivie, como a nosotros, cuando se revele desde el cielo el Señor Jesús con los ángeles de su dominio y con fuego ardiente para castigar a los que no reconocen a Dios ni obedecen a la buena noticia del Señor nuestro Jesús. Esos sufrirán una condena perpetua, lejos de la presencia del Señor y de su majestad poderosa cuando venga a revelar su gloria a los consagrados y sus maravillas a los creyentes, el día aquel (2 Tesalonicenses 1,6-10).*

Como resumen de lo que he indicado sobre la manera adecuada de interpretar hoy los textos bíblicos –incluidos los que se encuentran incluidos en las declaraciones conciliares– en lo referente a este tema, concluyo con un párrafo de Schmaus:

> *Al intentar una explicación de la esencia del infierno, en primer lugar hemos de advertir que la revelación divina no habla de él para darnos información sobre la manera de la vida más allá de nuestro mundo empírico. En este punto, la intención de la Escritura es prevenir a los hombres. Quien definitivamente se opone con toda su esencia al plan divino de salvación y no alcanza la madurez fundamental de vida que Dios ha dispuesto para él, prefiriendo la existencia en el odio a una existencia en el amor, ha de contar con el destino terrible que la escritura llama infierno. El hombre ha de tener constantemente ante sus ojos la seriedad de esta prevención* (Schmaus, 1970, p. 809).

5. Aportación de Torres Queiruga

Andrés Torres Queiruga, en su breve y excelente libro *¿Qué queremos decir cuando decimos "infierno"?* diferencia tres aspectos a ser precisados: a) lo intolerable en el tratamiento del infierno; b) lo que de verdad sabemos; y c) lo que cabe conjeturar. En lo que resta de este apartado voy a tener presente especialmente esta aportación, que es la que me ha resultado más lograda para responder a estas tres cuestiones que plantea. Casi me limitaré a ofrecer un resumen de este escrito, cuya lectura recomiendo vivamente a todo lector interesado por el tema. Me permitiré ser bastante esquemático.

5.1. Lo intolerable en la interpretación sobre el infierno

Si se tiene en cuenta la sensibilidad del ser humano actual, con una mayor conciencia de la importancia de la libertad humana y de la actitud tolerante como requisitos para vivir el respeto a la dignidad de la persona, y con unas mayores posibilidades para comprender el mensaje de Jesús sobre Dios, hay que rechazar como intolerables algunas suposiciones repetidas en el pasado.

a) *El infierno no es lícito entenderlo "como castigo por parte de Dios ni, menos aún, como venganza".*

> *Hemos oído tantas veces este tipo de expresiones que puede acabar escapándosenos lo monstruoso que en sí mismas insinúan, pues convierten a Dios en un ser interesado que castiga a quien no le rinde el debido "servicio"; en un juez implacable que persigue al culpable por toda la eternidad; y, en definitiva, en un tirano injusto que crea sin permiso, que no deja más alternativa que la de servirle o exponerse a su ira, y que castiga con penas "infinitas" fallos de criaturas radicalmente débiles y limitadas* (Torres Queiruga, 1995, p. 30).

Es realmente sorprendente que incluso un teólogo de la altura de san Agustín llegase a admitir una teoría sobre la predestinación de los condenados al infierno, teoría que fue reavivada posteriormente por los reformadores y jansenistas.

Si como estaba claro en el mensaje bíblico-cristiano Dios creó al ser humano por amor y para que llegase a participar de la plenitud y felicidad eterna, resulta contradictorio sostener luego la teoría de un castigo. Todas sus actuaciones –según los datos bíblicos– van destinadas a facilitar la salvación del ser humano. Esto, como ya he dicho anteriormente, resulta más patente si contemplamos con atención la actitud de Jesús con los pecadores. Y los cristianos tenemos claro que contemplando a Yeshúa, contemplamos a Dios. "El que me ve a mí, ve a mi Padre" (*Juan* 14, 9). Por consiguiente la condenación de un ser humano –si es que se ha llegado a producir alguna vez- no debe entenderse como un castigo de Dios, sino como una tragedia divina, una especie de fracaso de Dios. Torres aporta una cita de von Balthasar.

> *Trágica no sólo para el hombre, que puede frustrar el sentido de su existencia, su propia salvación, sino para*

> *Dios mismo, que se ve forzado a tener que juzgar allí mismo donde querría salvar y –en el caso extremo– a tener que juzgar justamente porque sólo quería aportar amor* (Balthasar, 1983, cit. en Torres Queiruga, 1995, pp. 35s.).

b) *Un segundo aspecto que hay que calificar de intolerable, en el tratamiento del infierno, consiste en el "abuso moralizante"*

Por muy buena intención que hayan tenido en el pasado, los predicadores sobre el infierno, pretendiendo atemorizar a sus oyentes para que tomasen conciencia de los peligros de un mal uso de su libertad, lo que constituyó una grave distorsión es convertir en castigo de Dios lo que en realidad constituía una consecuencia de sus propias actitudes y conductas. Torres ilustra esto con un ejemplo muy clarificador.

> *Es terrible la droga, y todos comprendemos que para apartar a alguien de ella se insista en la grave amenaza que supone para la salud y para la vida, resaltando con todo el énfasis de que se sea capaz sus tremendos efectos destructivos. Pero resultaría una injuria insoportable para los padres el que un amigo se empeñase en convencer a su hijo de que esa amenaza consiste, no en la autodestrucción a que él mismo se expone, sino en un "castigo" que van a infligirle sus propios padres* (Ibidem, p. 39).

c) *La tercera característica intolerable en el tratamiento de este tema, según Torres, es la implicación de lo que denomina "las lógicas del terror"*

Es lamentable que, a diferencia de la austeridad con que se expresaron normalmente sobre este tema los textos primitivos del cristianismo, pasado el tiempo, principalmente por influencias procedentes de fuera como Platón, Virgilio, y alguna literatura apocalíptica, este mensaje fuese degenerando en "una especie de crónica de horrores o en un museo de atrocidades" (*Ibidem*, p. 42). Incluso la *Divina Comedia* de Dante se vio notablemente contaminada por este influjo.

> *De este modo, el infierno perdió su carácter de advertencia existencial, de recia, severa, pero digna, llamada a la autenticidad, para solidificarse en una realidad monstruosa y alienante, hasta llegar a constituir el "terror de generaciones de creyentes"* (Ibidem, p. 42).

Torres ve comprensible que como consecuencia de todo ello se diese lugar a la acusación de Nietzsche atribuyendo al cristianismo una "lógica del resentimiento", que luego constituyó uno de los argumentos más tenidos en cuenta en las críticas a la religión. Incluso el gran teólogo medieval Tomás de Aquino, que se caracterizó por su ponderación y por su claro distanciamiento de la visión sumamente pesimista de san Agustín sobre la naturaleza humana –por las consecuencias del pecado original– atribuye también a Dios el ser el agente causal de la condenación y justifica su actuación en base a la "justicia vindicativa". Pero lo más sorprendente de todo es que llegase a concebir que la felicidad de los bienaventurados se encontrará beneficiada por la posibilidad de contemplar el sufrimiento de los condenados.

> *A los bienaventurados no se les debe sustraer nada que pertenezca a la perfección. Pero cada cosa se conoce mejor por su comparación con la contraria, puesto que "los contrarios contrapuestos entre sí brillan más". Y por eso, a fin de que la bienaventuranza de los santos les complazca más y den por ella abundantes gracias a Dios, se les concede que contemplen con toda nitidez (<u>perfecte</u>) las penas de los impíos* (Tomás de Aquino, *Suma Teologica*, cuestión 94, artículo 1).

Es lamentable que Tomás de Aquino –que siempre se destacó por un pensamiento independiente– se dejase aquí condicionar por un desorbitado sentido medieval del honor y la justicia, y argumentase influido por otros pensadores cristianos de siglos anteriores, como Tertuliano, san Gregorio Magno, san Cipriano y Pedro Lombardo.

5.2. Convicciones bien fundamentadas sobre lo que se llama "el infierno"

Veo preferible aquí incluir el resumen que Torres nos ofrece, al final del capítulo que titula: "Lo que de verdad sabemos". Después de reflexionar con detenimiento en su contenido, mi conclusión es que comparto plenamente los cinco puntos que él expone como conclusiones de su estudio, y que yo me limito a transcribir:

> *1) El infierno es, por su carácter más esencial, algo negativo, lo "otro" de lo que única y exclusivamente interesa: la salvación. Consiste, por tanto, en la <u>no-salvación</u> como posibilidad inscrita en la libertad humana, tal como la experimentamos en su fragilidad y en su capacidad de malicia y frustración.*

> *2) esto implica que el infierno es, ante todo y sobre todo, <u>lo que Dios no quiere</u>, lo que desde la libertad humana frustra sus planes de salvación para todos y cada uno de los hombres y mujeres. Nunca, pues, debe ser interpretado como una acción positiva de Dios, como un "castigo", y menos aún –so pena de incurrir en blasfemia– como una "venganza".*

> *3) En consecuencia, el infierno cae siempre de nuestro lado, nace de la <u>limitación o malicia</u> de la propia libertad: sea lo que sea, significa algo que, de realizarse, es porque nosotros lo escogemos. Por eso ya ahora puede ser anunciado en una existencia torcida, entregada a la frustración y al vacío, como anticipo parcial de lo que un día puede llegar a la eclosión plena.*

4) Sólo en este sentido se nos habla del infierno en la revelación, y sólo en este sentido podemos "saber" algo de él: como llamada a no frustrar la salvación y como apropiación de la posibilidad latente en esa amenaza, convirtiéndola en conciencia de nuestra fragilidad y en fuerza hacia la autenticidad.

5) A nivel objetivo, no sabemos nada más de esa posibilidad, excepto su carácter terrible. Carácter que podemos intuir, no por los sueños monstruosos de una razón que, subyugada por los fantasmas de la imaginación, se entrega a una "lógica infernal", sino como el polo opuesto de aquello que perdemos: la inmensa grandeza y plenitud que se nos anuncian en la promesa viva de la salvación.

Podemos afirmar que a esto se reduce lo fundamental, lo que interesa con seriedad definitiva, lo que de verdad basta para orientar la vida hacia la plenitud, hacia la salvación. Cuando se leen desde una hermenéutica apropiada –que no busca "información" objetivante, sino orientación existencial–, ni las palabras de la Biblia ni las declaraciones del magisterio ni las reflexiones de la tradición imponen aceptar otra cosa (Torres Queiruga, 1995, pp. 65s.). (El subrayado es mío).

5.3. Tres hipótesis diferentes sobre el infierno presentadas por los teólogos

Aquí Torres Queiruga advierte, desde el principio, que entramos en un terreno en el que carecemos de evidencias. Pero cabe avanzar en la reflexión teológica a modo de conjeturas que nos permitan concretar algo más en nuestro conocimiento sobre este misterio. Eso sí, habrá que mantenerse fiel a lo que hemos reconocido como convicciones bien fundamentadas. Cualquiera que sea la conjetura o hipótesis que pretenda precisar algo más sobre este posible fracaso final, tendrá que poderse armonizar claramente con el amor salvador divino hacia el ser humano, y con la dignidad de la persona humana. Es decir, cualquier nueva afirmación sobre el tema del infierno, que pretenda ser verdadera, tendrá que poderse armonizar con lo que, desde la revelación bíblico-cristiana, ya sabemos sobre Dios, sobre el para qué de la obra creadora, sobre Jesucristo, etc., ya que, como quedó claro ya en el concilio Vaticano I, deberá apoyarse "en la conexión mutua de los misterios entre sí y con el destino último del ser humano".

Torres Queiruga presenta tres conjeturas, siendo la última la que es más original suya y la que considera más convincente. Puestos a ponerles un título a cada una de ellas, pueden ser los siguientes, que son con los que encabeza el autor los apartados correspondientes: 1ª) El infierno como autocondena, 2ª) El infierno como muerte definitiva, 3ª) El infierno como "condenación" de lo malo que hay en cada uno. Personalmente, considero que sería imprudente, por mi parte, decidirme ya a favor de una de ellas como la más convincente. Pienso que lo razonable es esperar a haber reflexionado con más detenimiento en las tres. Asimismo, recoger la reacción que en otros teólogos haya podido producir la propuesta por Torres Queiruga, hipótesis que, indudablemente, resulta para mí la más esperanzadora y atractiva. Pero, claro está, estos sentimientos no justificarían que yo, a partir de ellos, la considerase como la más probablemente verdadera. De momento, por lo tanto, veo más razones a favor de la segunda. Seré muy esquemático en esta exposición. Me detendré algo más –como corresponde por la finalidad de este libro– en la que a mí, de momento, me convence más.

a) *El infierno como auto-condena*

Torres Queiruga reconoce que, hasta el momento, esta hipótesis es la más común entre los teólogos actuales, y tiene el mérito de haberse desmarcado de:

> *la lógica punitiva, juridicista y objetivante que hacía tan inhumanas –y tan antidivinas– gran parte de las teorías tradicionales. Por otra parte, sirvió de clara mediación histórica, pues responde a la nueva conciencia de la modernidad acerca del valor de la libertad y la autonomía humanas* (Torres Queiruga, 1995, p. 68).

Quedan claramente respetadas dos verdades fundamentales: a) Dios quiere el bien y la felicidad de todos los seres humanos, y b) éstos son respetados como seres libres y responsables que escogen y deciden su destino. En cambio el inconveniente principal es admitir la posibilidad de que una parte de la humanidad tenga que estar padeciendo su condena para siempre.

Torres Queiruga hace referencia a esa línea de pensamiento que, de forma más clara (en el caso de Orígenes, rechazado por el magisterio oficial de la Iglesia), o de forma más cauta y sutil (en el caso de Karl Barth y Hans Uns von Balthasar), hace pensar en la posibilidad de una reconciliación final definitiva, apoyándose en parte en esa afirmación de san Pablo de que al final "Dios será todo en todos" (1 *Corintios* 15,28). La hipótesis de la autocondena parece presuponer la inmortalidad natural del alma humana. Pero Torres Queiruga objeta:

> *Que Dios, acogiendo nuestro esfuerzo y nuestro deseo, nos haga inmortales para ser eternamente felices, está en la lógica de su creación por amor y constituye el sentido mismo de la salvación. Pero que Dios hiciese inmortal a alguien con el fin de poder condenarlo, que lo librase de su natural caída en la nada y lo mantuviese en el ser sólo para hacerlo sufrir…, a mí, al menos, me resulta inconcebible* (Ibidem, p. 74).

b) *El infierno como "muerte definitiva"*

Según esta hipótesis, si la salvación consiste en la resurrección a la plenitud de la vida eterna, la condenación es la muerte definitiva, sin resurrección. Es decir, es el paso a la nada, lo que piensan los ateos que ocurre a todo ser humano al morir. Aquí tengo presente, aparte de la aportación de Torres Queiruga –que anteriormente había sostenido esta teoría– a Schillebeeckx, que es otro que la defiende. Otros teólogos que la defienden son el francés Christian Duquoc y el español Andrés Tornos.

De hecho, según mi información, sólo en dos lugares del Nuevo Testamento se habla de una resurrección de injustos. En *Juan* 5,28, donde se dice: "los que obraron bien resucitarán para vivir, los que obraron mal resucitarán para ser juzgados". Y también en *Hechos de los apóstoles*, 24,15, donde en un discurso de Pablo defendiéndose de la acusación presentada por Tertulio ante el dirigente romano Felix, en un momento de su exposición afirma: "creo en todo lo escrito en la ley y los profetas. Y confiado en Dios, espero como ellos que habrá resurrección de justos e injustos".

Lo normal, en los textos del Nuevo Testamento, es que el mensaje se presente más como la contraposición entre la resurrección a la vida eterna o la muerte. Veamos algunos:

> *Quien se empeñe en salvar la vida la perderá; quien pierda la vida por mí la alcanzará. ¿Qué le aprovecha al hombre ganar todo el mundo a costa de su vida?* (*Mateo* 16,25-25).

> *Mis ovejas escuchan mi voz, y yo las conozco y ellas me siguen; yo les doy la vida eterna y jamás perecerán y nadie las arrancará de mi mano* (Juan 10,27-28)

> *Yo he venido para que tengan vida y la tengan abundante* (Juan 10,10).

> *El que come de este pan vivirá para siempre* (Juan 6,58).

El que come mi carne y bebe mi sangre tiene vida eterna (Juan 6,54).

Yo soy el pan que ha bajado del cielo: el que coma de este pan vivirá para siempre (Juan 6,51).

Esta es la voluntad de mi Padre: que todo el que ve al hijo y cree en él, tenga vida eterna y yo lo resucitaré en el último día (Juan 6,40).

Y, aunque conocen el veredicto de Dios, que los que así obran son reos de muerte, no sólo lo hacen, sino que aprueban a los que así obran (Romanos, 1,32).

Mientras erais esclavos del pecado, os emancipabais de la justicia. ¿Y qué sacabais en limpio? Resultados que ahora os confunden, porque acaban en la muerte. Pero ahora, emancipados del pecado y esclavos de Dios, vuestro fruto es una consagración que desemboca en al vida eterna. Pues el salario del pecado es la muerte; el don de Dios, por Jesucristo Señor nuestro, es la vida eterna (Romanos 6,20-23).

En una entrevista en la que Edgard Schillebeeckx respondió a preguntas que le hizo Francesco Strazzari, en su respuesta a la pregunta sobre el infierno aparece este párrafo:

Repito: no sé si existirán hombres tan perversos que rechacen la gracia y el perdón de Dios. Es posible que todos los hombres estén destinados al cielo; pero, en todo caso, si eventualmente existiesen hombres malvados, en el sentido de definitivamente malvados, su muerte física sería el final de su existencia [...]

No hay una vida infernal. Si hay alguno que en su vida es capaz de separarse totalmente y de forma definitiva de la comunión con el Dios de la vida, éste está destinado a la aniquilación de su propio ser (Schillebeeckx, 1994, pp. 101s.).

En una publicación posterior insiste en lo mismo, con nuevos matices:

> *Pero los malos y los opresores se castigan a sí mismos, por cierto eternamente. Pues como la comunidad de vida con Dios es el fundamento de la vida eterna, la ausencia de tal comunidad de vida (no tanto por la negación teórica de la existencia de Dios, sino por una praxis vital que contradiga radicalmente la solidaridad con los demás y justo por ello se excluya de toda comunidad de vida con Dios) es a la vez el fundamento de una vida no eterna para tales hombres. Esto creo que es "la segunda muerte" del pecador definitivo (si es que hay alguno). Esto no es el eterno torturado, sino, sencillamente, dejando de existir al morir. Esta es la "segunda muerte" bíblica (Apocalipsis 20,6) (Schillebeeckx, 1994, p. 213).*

> *Únicamente hay el "reino de Dios", un reino de hombres liberados y libres, sin que, vecino a él, haya un reino de hombres definitivamente echados fuera. Los malos no tienen vida eterna. Su muerte es realmente el final de todo. Se han excluido a sí mismos de Dios y de la comunidad de los buenos y no les aguarda un cielo nuevo y una tierra nueva. Sencillamente, ya no son, y no pueden tener ni siquiera noción de la dicha que están gozando los buenos. Pero no existe un reino infernal de las sombras junto al reino eternamente feliz de Dios. Esto es inherente a la asimetría de lo que denominamos cielo e infierno. A los bienaventurados se les ahorra que a tiro de piedra de su eterna dicha haya prójimos suyos que estén eternamente atormentados por cualesquiera torturas corporales o espirituales (Schillebeeckx, 1995, pp. 213s.).*

J. Ruiz de la Peña, en su libro ya citado *La otra dimensión. Escatología cristiana*, rechaza esta hipótesis. Partiendo de su convicción sobre la inmortalidad natural del alma humana, argumenta que esa teoría implicaría una aniquilación activa de la persona por parte de Dios, lo cual considera contradictorio. Personalmente esta objeción no me convence, a pesar de la autoridad que me merece este teólogo en otros puntos de la Escatología.

c) *El infierno como "condenación de lo malo que hay en cada uno*

Soy consciente de que, al tratar de ofrecer un resumen esquemático de lo que Torres Queiruga propone en esta tercera conjetura, elegida por él como la más aceptable, corro el peligro de distorsionar algo, por simplificación, lo que él expone de forma concentrada y matizada en sólo veinticuatro páginas. De ahí que vuelva a aconsejar al lector interesado la lectura directa del opúsculo de este autor.

Dividiré mi resumen en cuatro preguntas y respuestas.

1) *¿Qué objeciones principales a las dos hipótesis anteriores motivan a este teólogo la búsqueda de otra nueva interpretación?*

Respecto a la hipótesis de "la muerte como autocondena" ya se señaló, como objeción, que implica –si no se presupone la inmortalidad natural– una intervención divina para mantener la existencia humana padeciendo un sufrimiento eterno. ¿No es esto claramente incompatible con los rasgos que sobre Dios hemos podido conocer a través de Jesucristo? Y respecto a la idea del "infierno como muerte definitiva",

> *¿puede una libertad <u>finita</u>, y, por tanto, <u>condicionada</u> tener una opción tan <u>absoluta</u> que le lleve a escoger la <u>nada</u>?* (Torres Queiruga, 1995, p. 83). (El subrayado es mío).

2) *¿Qué es lo específico de esta tercera hipótesis?*

Si buscamos la forma de conjugar dos convicciones previas: que Dios hará todo lo que sea preciso para salvar a todas las personas y que en todo ser humano su capacidad de libertad es siempre limitada, por tratarse de un ser finito, parece aceptable proponer la siguiente hipótesis:

> *Dios salva cuanto "puede" es decir, cuanto la libertad finita le permite. Dado que ésta no es total, Dios salva aquel resto de bondad que parece no poder quedar nunca anulado por ninguna acción mala (Ibidem, p. 83).*

Con esta hipótesis seguiría dándose una condenación definitiva, pero ya no habría que encontrarse con algo que se nos presenta como inadmisible: "la desproporción [...] entre lo finito de la culpa y lo infinito de las consecuencias" (*Ibidem*).

3) *¿Se dieron antecedentes de este enfoque en la historia de la teología cristiana?*

Aunque no sea idéntica esta interpretación sobre la pérdida de la salvación a la que ya en el siglo III propuso Orígenes, tiene ciertas semejanzas. Hay algunos textos en el Nuevo testamento que podían servir de fundamento a lo que fue llamado la *apokatástasis* o "restauración final de todas las cosas". Por ejemplo los dos siguientes a los que ya me he referido anteriormente (el subrayado es mío).

> *Cuando todo le quede sometido, también el Hijo se someterá al que le sometió todo, y así <u>será todo para todos</u> (1 Corintios 15,28).*

> *El Cielo tiene que retenerlo [al Mesías] hasta <u>el tiempo de la restauración universal</u> que anunció Dios desde antiguo por medio de sus santos profetas (Hechos 3,21).*

En esta misma línea de una restauración final de todo se encuentra el texto ya citado de la *Carta de san Pablo a los Romanos* (8,19-24). La doctrina de la apokatástasis ("restauración de todas las cosas") propuesta por Orígenes no era compatible, por lo tanto, con la posibilidad de una condenación eterna. Con ligeras variantes la compartieron –según nos informa Torres Queiruga– teólogos o místicos relevantes de la edad antigua como Gregorio Nacianceno, Gregorio Niceno, Dídimo el ciego, Evagrio Póntico, Diodoro de Tarso, Teodoro de Mopsuestia, y posiblemente Juan Crisóstomo. También Küng se refiere a algunos de ellos en su libro *¿Vida eterna?*

En épocas posteriores, tras un silencio debido al rechazo de la apokatástasis por parte del magisterio oficial de la Iglesia, volvió a resurgir, con diversas variantes y matices en Escoto Eriúgena, Amalarico de Bene, y los cristianos anabaptistas. Después de la Ilustración la compartió el famoso teólogo evangélico Schleiermacher, y en el siglo XX, Karl Barth, el teólogo evangélico probablemente más famoso del siglo pasado, y el católico Hans Urs von Balthasar.

Este último autor cita una idea de san Ambrosio de Milán que encaja con esta interpretación, cuando afirmaba que "la misma persona se salva en parte y se condena en parte" (Teodramatik IV, p. 293, cit. en Torres Queiruga, 1995, pp. 87s.). Asimismo Adrianne von Speyr, cuando interpretó la alegoría sobre el juicio final, en *Mateo* 25,31-46, al considerar que todo pecador podrá escuchar como dirigidas a él ambos mandatos. "Venid, benditos de mi Padre… apartaos de mí al fuego eterno". En esta alegoría nos encontraríamos con uno de estos textos que no corresponde leer al pie de la letra, sino teniendo en cuenta las advertencias hermenéuticas de Rahner:

> *Tampoco las descripciones de la Escritura sobre el final tienen que tomarse necesariamente como reportajes sobre lo que sucederá una vez en el futuro. Si aplicamos*

> *correctamente una hermenéutica exacta de los enun-
> ciados escatológicos, estas descripciones bíblicas del
> final del individuo y de la humanidad entera pueden
> entenderse de todo punto como enunciados sobre las
> posibilidades del hombre y como advertencias sobe la
> seriedad absoluta de la decisión* (Rahner, 1979, p. 132).

Así también se cumplirá de verdad aquella promesa de Yes-húa al afirmar que "quien dé a beber un vaso de agua fresca a uno de estos pequeños por su condición de discípulo, os aseguro que no perderá su paga" (*Mateo* 10,42).

4) ¿Cuáles son razones que apoyan esta hipótesis?

Se pueden resumir en dos principales, ya indicadas al definir-la: a) el convencimiento del poder divino a la hora de actuar desde su voluntad a favor de la salvación de todo ser huma-no; y b) recogiendo todos los lugares donde en la Escritura se hace referencia a este tema –no siempre armonizables entre sí, desde una lectura literal– se identifica una línea de pen-samiento que sugiere la probabilidad de una reconciliación total, al final de la historia.

Ahora bien, si se quiere emplear para esta hipótesis el térmi-no *apokatastasis* –lo cual no es preciso, ya que no es igual a la explicación de Orígenes– hay que distanciarse de la ten-dencia frecuente en sus seguidores a entenderla como sim-ple restauración. Sin embargo, según esta tercera hipótesis se produce una pérdida real, que implica, por lo tanto, algo de tragedia irreparable, ya que la acción salvadora divina sólo puede salvar lo que la libertad humana le permite. Pero al final, de todas formas, todos aceptarán con profunda alegría su experiencia final bienaventurada.

Veo adecuado concluir con un texto de san Pablo, algo mis-terioso, que también encaja –como los citados antes– con esta "condenación sólo de lo malo que hay en cada uno".

Nadie puede poner otro cimiento que el ya puesto, que es Jesús Mesías. Sobre este cimiento uno coloca oro, otro plata, piedras preciosas, madera, hierba, paja.

La obra de cada uno quedará patente, pues el día aquella mostrará: aparecerá con fuego, y el fuego comprobará la calidad de la obra de cada uno. Si la obra que construyó resiste, recibirá un salario. Si la obra se quema, será castigado, aunque se salvará como quien escapa del fuego (1 Corintios 3,11-15).

REFERENCIAS BIBLIOGRÁFICAS

BAUDRAZ, F. (1973). "Gehenna". En JJ. Von Allmen (Ed.): *Vocabulario bíblico*, pp. 124 s. (Traducción del original en francés de 1964).

BIBLIA DEL PEREGRINO. *Nuevo Testamento. Edición de estudio.* Tomo III. Traducción y comentarios de Luis Alonso Schökel. Ega-Mensajero-Verbo Divino.

BOFF, L. (1981). *Hablemos de la otra vida.* Santander: Sal Terrae.

CONCILIO VATICANO II (1975). *Constituciones. Decretos. Declaraciones.* Madrid: B.A.C., 27ª edición.

CONFERENCIA EPISCOPAL ALEMANA (1990). *Catecismo católico para adultos.* Tomo I: *La fe de la Iglesia.* Madrid: B.A.C. (Traducción del original en alemán de 1985).

DUQUOC, C. (1979). "¿Un cielo en la tierra?" *Concilium*, 143, 380-388.

FLANAGAN, D. (1969). "La escatología y la Asunción". *Concilium*, 41, 135-146.

GEORGE, A. (1969). "El juicio de Dios. Ensayo de interpretación de un tema escatológico". *Concilium*, 41, 11-23.

KÜNG, H. (1983) *¿Vida eterna? Respuesta al gran interrogante de la vida humana.* Madrid: Cristiandad. (Traducción del original en alemán de 1982).

KÜNG, H. (1994) *Credo.* Madrid: Trotta. (Traducción del original en alemán de 1992).

LEON-DUFOUR, X. (2002). *Diccionario del Nuevo Testamento*. Bilbao: Desclée de Brouwer. (Traducción del original en francés de 1975).

LIBANIO, J.B. (1983). "La resurrección de los muertos". *Iglesia Viva*, 108, 571-590.

MATEOS, J. y CAMACHO, F. (1989). *Evangelio, figuras y símbolos*. Córdoba: Ediciones El Almendro.

RAHNER, K. (1979). *Curso fundamental sobre la fe. Introducción al concepto de cristianismo*. Barcelona: Herder. (Traducción del original en alemán de 1977).

RICCIOTTI, G. (2000). *Vida de Jesucristo*. Madrid: Edibesa. (Traducción del original italiano de 1941).

RUIZ DE LA PEÑA, J.L. (1986) *La otra dimensión . Escatología cristiana*. Santander: Sal Terrae, 3ª edición.

SACHS, J. R. (1993). "¿Resurrección o reencarnación? La doctrina cristiana del purgatorio". *Concilium*, 249, 115-122.

SCHMAUS, M. (1970). *El credo de la Iglesia Católica. Orientaciones postconciliares. Tomos I y II*. Madrid: Rialp.

SCHILLEBEECKX, H. (1969). "Algunas ideas sobre la interpretación de la escatología". *Concilium*, 41, 43-58.

SCHILLEBEECKX, H. (1994). *Soy un teólogo feliz. Entrevista con Francesco Strazzari*. Madrid: Sociedad de educación Atenas. (Traducción del original en italiano de 1993).

SCHOONENBERG, P. (1969). "Creo en la vida eterna". *Concilium*, 41, 97-113.

TAGORE, R. (1942). *Ofrenda lírica*. Buenos Aires: Losada.

THIBON, G. (1973). *Nuestra mirada ciega a la luz*. Madrid: Rialp (Traducción del original en francés de 1955).

TOMAS DE AQUINO. *Suma de Teologia*. Madrid: B.A.C., 1989.

TORNOS, A. (1983). "Salvación y condenación". *Iglesia Viva*, 108, 591-601.

TORRES QUEIRUGA, A. (1995). *¿Qué queremos decir cuando decimos "infierno"?* Santander: Sal Terrae.

TRESMONTANT, C. (1959). *Essai sur la connaissance de Dieu*. Paris: Cerf, 1959.

TRESMONTANT, C. (1962). *Ensayo sobre el pensamiento hebreo*. Madrid: Taurus. (Traducción del original en francés de 1956).

TRESMONTANT, C. (1971). *Le problème de l'âme*. Paris: Seuil.

TRESMONTANT, C. (1978). *Introducción a la teología cristiana*. Barcelona: Herder. (Traducción del original en francés, 1956).

TRESMONTANT, C. (1979). *La doctrina de Yeshúa de Nazaret*. Barcelona: Herder, 3ª edición. (Traducción del original en francés de 1973).

TRESMONTANT, C. (1980). *La mística cristiana y el porvenir del hombre*. Barcelona: Herder. (Traducción del original en francés de 1977).

TRESMONTANT, C. (1988). *Shaoul qui s'appelle ausi Paulus. La théorie de la métamorphose*. Paris: E.O.I.L.

TRESMONTANT, C. (1991). *Problemas de notre temps*. Paris: O.E.I.L.

TRESMONTANT, C. (1996). *La finalité de la Creation, le salut et le risque de perdition*. Paris: O.E.I.L.